大川隆法

Ryuho Okawa

霊言問答

リーダー論から外交戦略まで

勝海舟の一刀両断！

本霊言は、2010年3月12日（写真上・下）、幸福の科学総合本部にて、質問者との対話形式で公開収録された。

まえがき

本書が勝海舟との「霊言問答《れいげんもんどう》」である。霊言は創作であってはならないので、『幸福の科学』や、その支援する『幸福実現党』にとって不利な内容もそのまま活字にした。それを「大人気《おとなげ》ない」と見るか、「知的正直さ」と見るかの判断は読者の理解に委《ゆだ》ねることとする。

リーダー論から外交戦略まで、実に痛快無比《つうかいむひ》な内容となっている。マスコミ批判も手厳しいが、私どもも同様の「まな板の上の鯉《こい》」にされているので、フェアネスは一貫《いっかん》している。勝海舟が現代に甦《よみがえ》り、日本の政治外交を一刀両断すればこうなるのかと、目からウロコが落ちることだろう。勝海舟先生の霊に感謝する。

二〇一〇年　四月

幸福《こうふく》の科学《かがく》グループ創始者兼総裁《そうししゃけんそうさい》　大川隆法《おおかわりゅうほう》

勝海舟の一刀両断！　目次

4

包囲網《ほういもう》を打ち破って勝利するには

第2章　説得力を高める智慧《ちえ》とは

二〇一〇年三月十二日　勝海舟の霊示

5　なぜ、勝海舟は暗殺されなかったのか　211

第1章

侍《さむらい》精神を持って断行せよ

二〇一〇年三月十二日　勝海舟の霊示

勝海舟《かつかいしゅう》（一八二三〜一八九九）
江戸《えど》時代末期の幕臣で、明治初期の政治家。

［質問者四名は、それぞれA・B・C・Dと表記］

1　人材の条件とは

大川隆法　勝海舟さん、ご指導よろしくお願いします。

（約五秒間の沈黙《ちんもく》）

勝海舟　勝だよ。ああ、俺《おれ》は、そんな口頭試問みたいなのは嫌《きら》いなんだ。

（この時点では、質問者Aが前の席に、質問者B・C・Dが後ろの席に三人並んで座っていた。）

まとめてかかってこいや。四人まとめていらっしゃいよ。一人をいじめるなんて大嫌いだ。
もう、誰《だれ》でも、何でもいいよ。あとでビデオを見たら、誰が訊《き》いたかぐらい分かるんだろう？　あるいは声を聴《き》いたら分かるのかな？　まあ、みんな男前だから区別がつかんと思うけどさ、まあ、声聴きゃ分かるさ。どっからでもかかってきな。（質問者四人が横一列に並んで座る。）

今、こちらの世界では人事の仕事をしている

A――　勝先生、このたびは、ご降臨くださって幸福の科学をご指導いただけますことを心より感謝申し上げます。
私は、幸福の科学で人事を担当している者でございます。

勝海舟　ああ、そうかい。

Ａ――　まず最初に、せっかくの機会でございますので、現在、そちらの世界で、どのようなお仕事をしておられるのか、お教え願えたらと思います。よろしくお願いいたします。

勝海舟　それは君ねえ、人事をやってるんだよ（会場笑）。僕《ぼく》だって人事ぐらいやるさ。人事だよ、人事。革命には人事が必要だよ。な。

だから、誰をどこへ持ってきて、どう戦わせるか。そして、世の中をどう変えていくか。この人事から政治が始まるんじゃねえか。な。だから、英雄《えいゆう》を各地にばらまいて、そして、風雲急《ふううんきゅう》を告げるときにだなあ、「蜂起《ほうき》せよ！」と言って檄《げき》を飛ばしてもらう。

これが仕事だな。うん。人事だ。

人材の条件①——物事の本質が見えるか

A——　ありがとうございます。

先般《せんぱん》、西郷隆盛《さいごうたかもり》先生がご降臨くださった折に、当時、第一級の人物として、勝先生がおられたと、そのように述べておられました。

そこで、人事という立場で、勝先生が人物を見るとき、人物の見抜《みぬ》き方、あるいは、「何をもって人物とするのか」という点について、お教えください。

勝海舟　それは、人事の責任者としては、重要な、重大な質問だな。うん。まあ、でも、それは君、公開の場で言ったら、あとがやりにくくならないか。みんなが、それ、対策を練るぞ。

A――　対策を練ってもらうことが、人事の仕事でもあります。

勝海舟　ああ、そうかい。じゃあ、勤務評定はどうでもいいわけだな。まあ、人事の要諦《ようてい》はだなあ、やはり、まず一番はだね、「物事の本質が見える人間かどうか」っていうところは大きいな。

会社であろうが、政治家であろうがだなあ、軍隊でも、何でもいいよ、どんな職業でもいいけども、まあ、いちばん大事な人材の条件っていうのは、まず、「物事の本質が、分かるか分からんか」ということにかかってるな。第一点はな。

物事の本質が見えない奴《やつ》は、残念ながら、人材の部類には入らんということだな。もちろん〝廃材《はいざい》〟にも使うべきところはあるからな。人材ではなくても〝廃材〟として、例えば、斬《き》り死にする役割とか、弾除《たまよ》けとか、まあ、いろいろあるからさ、どの人だって使えんことはないけれどもな。

まあ、そう言っても、「第一級の」とか、「幹部クラスの」とかいう条件が付いてくるんだったら、第一に挙げるべきは、物事の本質が分かること。別の言葉で言うとしたら、「物事の重要さが見抜ける」っていうことだな。「これが重要なことであるかどうか」、これが分からない人間は、いつの時代のどの仕事をやったところで、ものにならないね。

それで、「どうやったら、重要かどうかが分かるか」というのは、結局だなあ、それが分かるようになるためにはだね、〝自己中《じこちゅう》〟の人間では駄目《だめ》なんだよ。自分中心の人間では、それが分からないんだなあ。

まあ、自分の仕事に一生懸命《いっしょうけんめい》であることは大事なことだけどもね。それが、会社なり、組織なり、社会なり、国家なり、「全体から見て、どういう役割を果たしているか。それはどういう意味を持つのか」という、こういう問いをだなあ、自分に問いかけて仕事をしている人間だよな。これが、やはり重要感を出してくると思うんだな。

だから、ここで、人事をやるとしたらだなあ、自分のためだけに仕事をやってる人間は、まず駄目だよ。それぞれの部局で仕事をしながらもだね、全体的見地から、「教団として、今、何をやらなきゃいけないか」ということを考えながら、己《おの》が使命を果たすと。

そういう、仕事における物事の本質というのが見抜けねば駄目なわけで、まあ、人事のあんたのところで言ったらさあ、例えば、「表をつくって、給料を均《なら》すことだけを毎日やってる」とか、こういうのは駄目なわけですよ。やはり、それぞれの人の使い方っていうのを、じいっと見て、全体のなかでの使い方が見えなければいけない。

あるいは、「俺は、本当に人事に向いているのかなあ」というようなことを自問自答する（笑）。これは重要な資質だな。「向いていない」と思ったら、自分でクビを切らなきゃいけないね。「私は人事に向いておりませんので、戦闘《せんとう》要員として配置していただきたい」と、やはり自分で人事異動をかけなきゃいけない。自分でな。

まあ、それが仕事だ。とりあえず、物事の本質、重要さっていうのが分かること。これが第一点。

人材の条件②――構想力があるか

第二点はだなあ、やはり「構想力」だと思うな、おっきな仕事をしようとする人間はね。

「現在ただいまに一生懸命やる」って、これは禅《ぜん》の修行としては大事なことだよな。「今日《こんにち》ただいましかない。あす命があると思うな」と、まあ、当然のことだよな。仏教修行でも、そうなってるよ。

ま、それはいい。その日に全力を尽《つ》くすのは当然のことだ。ただ、構想力がない人間は、大成しないな。

「その場で、一生懸命、走っている」というだけであってはな。例えば、「電車に乗り遅《おく》れる。走らなくては！」と、一生懸命、駆《か》け込《こ》む。これだけでは、やはり大人物とは言えんだろうなあ。

昼行灯《ひるあんどん》のように見えても、やはり、構想力があって、「この仕事から発進して、将来、何をどういうふうに組み立てていき、どういうふうに仕上げていくか。最終的な着地はどうするか」と、こういうことを考えられる人間が大事だよな。

俺で言やあ、幕府の要職にゃあったけれども、「最終的に、この国家をどうするか」ということだよな。「幕府は、改革によって救える範囲内《はんいない》にあるか。もはや救いがたいレベルまで来ているか。救いがたいとしたら、どういうかたちで次の政権ができるべきであるのか。どういうかたちでお任せするのがいいのか。あるいは、幕府はどういうかたちで負けるべきなのか」、こういうことを考えなきゃいけないよな。

こういうことを考えるのは、非常につらいことだし、難しいことだよ。でも、それを考える人が要《い》るんだな。

これは、別な言葉で言やあ、「設計図をつくる」ということでもあるわな。未来の設計図を引くということでもある。

そういうふうに、まず、物事の本質を見分ける力のあることが一番目。

二番目は、やはり構想力だな。構想力のある人間であることが二番目。

人材の条件③——胆力《たんりょく》があるか

三番目は、やはり「胆力《たんりょく》」だ。肝《きも》が据《す》わってるかどうかだな。

ここ一番になったら腰《こし》が引ける人は、やはり使い物にならないな。まあ、少なくとも大将の器《うつわ》とは言えんと思うなあ。

やはり、大将というのは、ここ一番で強くないと駄目で、ここ一番で責任感の塊《かたまり》になれるような人間でなければ駄目だ。

ここ一番のときに逃《に》げ出す奴、ここ一番のところで責任転嫁《てんか》する奴、ここ一番の、本当に最後の戦いを挑《いど》まなければならないときに、逃げ出す理由、できない理由、自分が脱出《だっしゅつ》する理由を、一生懸命、箇条書《かじょうが》きにして書いている連中。こういう奴は大将の器ではないわな。

だから、幕末で言やあ、それは十五代将軍慶喜公《よしのぶこう》だ。わしも、お護《まも》りはしたがな。ただなあ、薩長《さっちょう》軍と戦ってだな、ちょっと京都で負け戦《いくさ》があっただけで、すぐ船に乗って江戸《えど》まで帰ってきちゃったよなあ、大将が。

これでは、残された人は、もう勝ち目がないよな。将軍が逃げたんじゃあ、もう勝ち目がないよ。次の戦いは、江戸ということに、もうこれで決まりだよな。

で、江戸城が護れるかどうかと。まあ、これはもう負けだわな。やはり、それは踏《ふ》みとどまるべきで、幕府が滅《ほろ》びるなら滅びてもよいけれども、「最後の将軍としての職務を全《まっと》うする」という覚悟《かくご》で戦うべきだと、わしは思うな。

そうでなく、慶喜公が江戸に逃げて帰ってきたのを見て、その段階で、わしは、「もうこれは終わった。勝負は終わった」と思ったよ。だから、官軍が東海道を東上してくるけど、それはもう必要がないことで、その段階で勝負はもう見えた。「あとは、どれだけ被害《ひがい》を減らし、そして、次の新生日本をつくるために、貴重な戦力を残して、財産等を減らさないようにするか」「いかに、国としての財産、幕府や藩《はん》の財産を疲弊《ひへい》させないようにして、次の新生国家に備えるか」と、こういうことを考えとったよ、俺はな。

だから、大将っていうのは、「最後は腹を切る」と昔から言うけどもな、最後は、「全責任は、われ一人にあり」と言うだけの肝が据わってなきゃいかんと思うな。

西郷は、構想力も胆力も備えた本当の英雄《えいゆう》

西郷さんは、明治維新《いしん》の十年後には、西南《せいなん》の役《えき》でな、犯罪人にされて、城山《しろやま》で自決したけど、でも、最後の侍《さむらい》だよなあ。ラストサムライで、やはり潔《いさぎよ》いよなあ。首を取られるのは、最初から覚悟の上の戦いだからさ。

自分がつくった政府軍だから、どのくらい強いかは知ってるよ。自分は元陸軍大将だろう？　陸軍大将の自分がつくった陸軍が、どのくらいの強さか、武器とか兵力とか、それは知ってるさ。当然、知ってるよ。

それを知らないのは、あれだ、薩摩《さつま》の芋侍《いもざむらい》たちは知らないさ。「侍精神で、刀を抜いて突《つ》っ込《こ》みゃ勝てる」って言ってるのが芋侍さ。刀も差していない西郷ど

んのほうは、自分がつくった軍隊がどの程度の強さかぐらいは、もう分かってたよ。

だから、最初、熊本《くまもと》で戦ったあたりで、だいたいもう次は見えていたと思うよ。周りからはさ、俺に、「維新の立役者《たてやくしゃ》なんだから、行ってちょっと、何とか言って説得しろよ」という声はずいぶんあったよ。「勝が行くしかないだろう。勝が行って説得して、降参するように、和睦《わぼく》を勧《すす》めてこい」という声はいっぱいあったけど、俺は行かなかったね。

行ったたって無駄なのは、もう分かってたからさ。それが読めないほどばかじゃないよ。あちらは死ぬつもりでいるんだから。あちらは死に場を探しているんで、あの男が、そんなもん、詫《わ》びを入れて和睦なんかするわけがないよ。絶対にない。陸軍の力を知ってるから、負けるのはもう最初から分かってる。

だけど、薩摩の士族が不満を持って戦おうとしてるから、負けるのは分かってるけれども、「自分が負けることで、これで全国の士族の乱がなくなる」と、彼は計算してたはずだよ。

だから、「全国の士族の乱が終わり、そして、政府軍が国を護って、外国と戦う段階に入るのであれば、犬死にはならない」というふうに計算はしたはずだよ。

「そのための人柱《ひとばしら》に、わしはなるつもりだ」と、彼がそこまで考えてるのは、もう間違《まちが》いないことであったので、わしは、あえてばかばかしい説得には行かなかった。彼のそういう構想を無駄にすることになるからね。彼は死ぬ気でいたんだから。

もし、そういう死に方をしなかったら、西郷さんは、征韓論《せいかんろん》でね、「朝鮮《ちょうせん》に行く」と言ってたよな。征韓論というのがあったけどもね。あれも、死ぬ気で言っていたんだ。「明治維新の元勲《げんくん》である自分が朝鮮半島へ視察に行けば、当然、暗殺されるはずだ」と。彼は、暗殺されるのが狙《ねら》いで朝鮮に行く気でいたんだ。

「自分が暗殺されたら、『あれほどの西郷を暗殺した。これは許すまじ』と、国論が沸騰《ふっとう》するだろうから、朝鮮半島に出兵して軍を置けばよい。そうしないと、ロシアとの激突《げきとつ》が間近である。ロシアが南下してきて、朝鮮半島を取りにくるだろう」という読みだ。

「朝鮮半島を取られたら、日本の防衛は極《きわ》めて困難になる。朝鮮半島だけは、絶対にロシアに取らせてはいけない。そこで、ロシアに朝鮮半島を取らせないためにどうするかというと、それはやはり、朝鮮半島に軍が駐屯《ちゅうとん》することが大事である。そのためにはどうしたらいいか。俺の首を差し出したらいちばん早い」と、まあ、それが西郷の考えだ。

その征韓論が通らなかったので、彼は下野《げや》したわけだけども、最後は、「士族の不満を代弁する」というかたちで、まあ、死を選んだわけだな。だから、わしも、後年《こうねん》、彼の名誉《めいよ》回復のために奔走《ほんそう》してやったけどもな。ま、西郷さんは、構想力もあれば、胆力もある人だったよな。「御国《おくに》のために命を惜《お》しまない」っていう、本当の意味での英雄《えいゆう》だったと思うな。だから、そういうところで保身をしたり、命乞《いのちご》いをしたりしたら、もう、西郷は西郷じゃないんだよ。「わしが悪かった。政府軍に勝てると思ったけど、こんなに強いとは思わんかった。すまんかった」「俺には明治維新の功績があるし、陸軍を最初につくったのは、俺じゃないか。おまえたち、俺を責めてはいけないよ。謹慎《きんしん》するから、まあ、勘弁《かんべん》してくれ」と言って、手打ちにするようなことをしたら、もう、これは西郷じゃないわな。

これは、昔のギリシャのソクラテスが、毒杯《どくはい》から逃げて、牢《ろう》から逃走《とうそう》したら、ソクラテスじゃないのと一緒《いっしょ》だわな。こういう人たちは、死を超越《ちょうえつ》しておるんだ。この世の生を軽んじ、死を超越しとる人間だな。

三つの条件で人材を見よ

今言ったように、大きく言って、物事の本質が分かること、構想力があること、最後は、胆力があること。この三つは、大きなことだな。

二番目の「構想力」のなかには、さっき言った先見性、先見力も、やはり含《ふく》めておきたいな。ま、簡単に言えばこういうことだ。

だから、あんたの立場で言えば、幸福の科学の人材を見たときに、「この人は物事の本質が見抜ける人か、物事の重要さ、事の大小が分かる人かどうか」っていうのは、まず、幹部の条件、「幹部に当たる人か、当たらない人か」のチェック基準になるわな。

瑣末《さまつ》なことに頭が行って本質が見えないタイプの人は、まず幹部要員からは外れるわな。

まあ、今は年が若いとか、女性であるとか、あるいは、中途《ちゅうと》で来た人であるとか、今は専門職の立場にいるとか、いろんな条件はあるけども、ただ、「教団の将来について、いろいろ提言したり、いつも考えたりしていて、そういう構想力を持っている」「自分の職務じゃないことについては言わないけれども、訊《き》いてみたらいろいろと意見を出してくる」という人は、将来性のある人だな。

あとは、部下のミス、あるいは、ほかの人のミスによって、いろいろ失敗が起きてもだな、それを人のせいにしたり、言い訳や御託《ごたく》を並べるんじゃなくて、「すべて自分一人の責任である」と言って、部下をかばい、失敗を外部の責任にしないで、自分が潔く頭を下げて、処罰《しょばつ》なり、降格なり、降給なりを受けるという態度だな。

それから、「リスクがあるけれども、教団にとって、これはやらねばならん」と思うときには、「私の責任でやらせていただきたい」と言って、断行する力だな。これは、いわゆる指示待ち族とは大いに違うな。
この三つが、大きく見て人材の条件だ。ま、ほかにもまだいっぱいあるがな。
うん。

A――　たいへん貴重な意見を賜《たまわ》りまして、まことにありがとうございました。

勝海舟　あんたなんか、三つとも備えてるかもしらんな。

A――　ありがとうございます。大川総裁をしっかりと支えてまいります。

勝海舟　うん。

A――　では、質問者を替《か》わらせていただきます。

勝海舟　ああ。

2　日本の外交のあるべき姿

B――　このたびは、ご降臨ありがとうございます。私は、HS政経塾《エイチエスせいけいじゅく》（政治家・企業家《きぎょうか》を輩出《はいしゅつ》するための社会人教育機関）を担当しております。

勝海舟　降臨なんて言うなよ。俺《おれ》は降臨に当たりゃしねえよ。降臨ってのは神様に言ってくれや。俺はまだ神様じゃないからさあ。

氷川《ひかわ》神社はあるが、勝海舟神社っていうのは、あんまり聞いたことがないなあ。まあ、『氷川清話《せいわ》』っちゅうのはあるけどなあ。氷川神社は勝海舟を祀《まつ》ってはいないんじゃないか、あれ。ええ？

まだ祀られてないから神様じゃないよ。だから、降臨じゃなくて、何だ？　ま、地べたに落ちてきたということだ。ハッハッハッハ。あんたらと変わらんさ。

鳩山《はとやま》は理想主義者ではなく〝リアリスト〟

B――　先般《せんぱん》、西郷先生からご指導をいただきましたが、旧約の預言者のごとく、「日本の将来はかなり厳しい」というご教示でした。

勝海舟　うーん、まあ、西郷は厳しかったからなあ。

B――　はい。そこで、この日本の外交のあるべき姿について、お訊《き》きしたいと思います。

世界は、リアリズムで動いていると思いますが、日本は平和ボケの状態で、鳩《はと》山《やま》総理は「友愛外交」を標榜《ひょうぼう》するなど、今の日本は隙《すき》だらけだと思います。

その一方で、幸福の科学は、宗教的ミッションもあり、最終的には世界平和を目指してはいますが、このリアリズムの外交と理想主義との関係については、どのように考えればよいでしょうか。勝先生は、過去世《かこぜ》で、諸葛亮孔明《しょかつりょうこうめい》、あるいはハンニバルとして活躍《かつやく》されたと伺《うかが》っておりますので、ぜひ、国防や外交のあるべき姿をご教示いただければと思います。

勝海舟　君、なかなか頭いいじゃないか。俺に代わって、何だかみんなを教育できそうな雰囲気《ふんいき》が漂《ただよ》ってるなあ。

まあ、「鳩山はリアリストでなくて理想主義者だ」というようなことを言ったな。しかし、そうでもないんじゃないか?　あいつ、逆の意味でのリアリストだよ。彼の描《えが》いた路線で行くと、あちこちで紛争《ふんそう》が多発するから、リアリストだよ、彼は。

アメリカとでも戦争をしかねない雰囲気が漂ってきたよね。すごいよ、ある意味で超右翼《ちょううよく》だよ、あれは。ウルトラ右翼だよ。右翼だって、今、「アメリカと戦争したい」なんて思っている人なんか誰《だれ》もいないけど、あいつの理想のままに、経営工学の設計図のままで進むと、アメリカと戦争しなきゃいけない可能性が出てきたね。

これは大変なことだ。中国とも同盟を結ばなきゃいけないかもしれないし、中国だけじゃ足りないので、東南アジア諸国とも同盟を結んで、連合軍をつくってアメリカと戦わなければいけないかもしれない。すごいリアリスティックな構想を彼は持っているよ。

本人は気づいてないかもしれないけど、あれだぜ、そんなに理想主義者じゃないよ。現実の紛争が、ただいま接近中だ。ハリケーンみたいなもんだよ。

リアリスティックでないところは、軍事力の差を考えていないところだけで、気持ちの上では、すごいリアリストだよ、彼は。

だって、自民党の政府は五十年以上続いたけど、「米軍基地を日本から叩《たた》き出す」なんちゅうことを考えた人がいるか？　いないだろう。まあ、社民党は一部、言ってたけども、その社民党と同じような結論になりかねないところを、今、走っているんだろう？

いや、すごいですよ。これがリアリストだったとしたら、もうスターリン並みだよ。ええ。本当に、超スーパー大国と戦うことができるんだったら、国民を粛《しゅく》清《せい》するぐらいできるよ。

もう、着々と進んでいるんじゃないか？　事務次官のクビを切って、官庁の粛清に入ってるんだろう？　意外に怖《こわ》いですよ、この人。リアリストかもしれないよ。

鳩山には、反対者を次々と粛清《しゅくせい》しかねない冷たさがある

彼の「読み」が正しいかどうかは別として、やることは、空想論でなくて現実論だよ。「友愛」を唱えているけど、この友愛は、本当にフランス革命における「友愛」に近くて、ギロチン台までつながっている可能性が極《きわ》めて高いなあ。反対する者たちを次々と粛清《しゅくせい》しかねないし、この人には、あったかさなんてないよ。冷たさがある。この人の持ってる冷たさは、あの小沢一郎《おざわいちろう》でさえ、いざとなったら切り捨てるぞ。この貴族の冷たさっちゅうのは、もう特別のものだからね。爬虫類《はちゅうるい》並みの冷たさだよ。

だから、捨てるときにはポイッと捨てちゃうよ、簡単に。恩義なんて何にも感じていないから、口先だけだよ。向こうが強いと思うときは、それなりにしているけれども、弱くなったらピシッと切るよ。うん。そんなもんだよ。それが名家《めいか》

の御曹司《おんぞうし》の強みさ。

だから、鳩山を「理想主義者で、弱くて、現実が分からない」と思ってるなら間違《まちが》いだよ。その反対で、現実に大きなことが起きるし、本質的には、あれでも革命家のつもりだね。

彼は経営工学か？　そういう理系の革命家が、経営工学的に、自分なりに考えてデザインをつくってるんだよ。

あんたも、そんなのを、学校で、ちょっとは勉強してたんだろうけど、そういう、理論で考えてる人っていうのは、現実が理論に合わないときは、現実のほうを理論に合わせてしまうからな。その意味では、とっても怖いものがあるよ。

この人、決して「ハト派」ではないよ。この人は、いざというとき、怒《いか》り狂《くる》った場合には、戦争をするよ。意外に、戦争をする。全然、構想力がないので、戦争の相手が誰なのかは、普段《ふだん》は考えてないけれども、この人は本当に戦争を始めますよ。こういう人は本当にやっちゃうんだよ。反対勢力を粛清してでもやっちゃう。

今みたいに、衆議院で多数派を取っていたら何でもできるからね。いざというときには、本当にやりますよ。うん。

例えば、米軍基地を追い出すという法案を通しちゃうとする。当然、大変な緊《きん》張《ちょう》がバーッと走るよね。それで、いざ戦争になったら、そのときはポイッと投げ出して、ほかの人にやらすんだよ。ほかの人に戦争をやらせて、自分は、弾《たま》が当たらないところへ行って、悠々自適《ゆうゆうじてき》、鳩山別荘《べっそう》で休んでいると思うけども。

意外にやりますよ、この人。そんなに、なめちゃいかんですよ。

正しいかどうかは別にして、この人は、現実に争乱を起こす可能性のある人だ。自民党五十年以上の歴史のなかにも、ある意味で、こんなリアリストはいなかったですな。みな、もう少し、何というか、感情的に「まあまあ」と言って〝なでなで〟が効くタイプの人ばかりだったが、本格的な理系宰相《さいしょう》が出てきたわけだ。

理系的な理性主義の怖《こわ》さ

こういう人は、自分が「正しい答えだ」と思っているものに向けて、一直線に〝証明〟を進めていくので、怖《こわ》いところはあるな。

この、理系的に結論に向かっていくのは、理性という奴《やつ》だ。

例えば、フランス革命は、理性が支配した革命と言われている。だから、理に合わないものは粛清されるんだよな。

情《じょう》があれば、粛清はできない。仲間を売ったりもできないし、まあ、清濁併《せいだくあわ》せ呑《の》むようなところがある。先ほどの西郷どんみたいなもんだ。

だから、「間違っている」と思っても、自分を慕《した》って集まってる武士たちのことを考えて、一緒《いっしょ》に死んでやるというのは、これはもう情《なさ》けの人だよな。

情が篤《あつ》くて、負けるのが分かってても、「彼らを止められないことは、おいどんの責任でごわす」ということだ。「士族の若い者が決起したら、やはり頭目《とうもく》が要《い》るでしょ。おいが、首を差し出しましょう。おいの首を取ったら政府の勝ちということになりますから」と。

「若い者の首をいくら斬《き》ったって、戦争は終わりになりませんから。だから、おいが上に乗りゃあ、その首を取ったら政府の勝ちですから、これで戦いは終わります」ということで、まあ、若いもんを全部殺さないようにするつもりで、上に乗る。

これは、情の人だわな、ある意味ではな。理の人では決してない。だけど、鳩山はその反対の人だから怖いんだよ。

小沢一郎は、大久保利通《おおくぼとしみち》を尊敬しているとか言ってるけど、ある意味では、実は鳩山のほうがそちらに近いかもしれないので、怖いよ。盟友でも殺しに来るような感じがあると思うな。

だから、この人は、なめないほうがいいよ。恐《おそ》ろしいよ。何をするか分からないという意味での怖さがある。自分が「正しい結論だ」と思ったら、もうピーッと線を引いていくからね。

あなたも、昔の、工学部の授業をよく振《ふ》り返って、「答えは一つのほうへ向かっていく」という考え方を思い出したらいいよ。

ほとんどの政治家は、「いろいろな意見が多様にあって、なかなか一致《いっち》しないものだから、調整をし、多数派工作をして、反対派についてはうまく黙《だま》らせる。これが政治だ」と、みな本能的に思っているんだよ。

しかし、鳩山は、そう思ってないから怖いんだよ。それを理想主義だと思っているけど、違うんだ。実を言うと、理想主義じゃなくて、理性主義なんだよ。その怖さがある。

で、外交について、何が訊きたかったんだ？

B——外交のあるべき姿です。

トヨタバッシングは日米戦争の前哨戦《ぜんしょうせん》

勝海舟　あるべき姿か。うーん、そうだねえ。今とっても厳しいねえ。

ま、私が、今、外交を託《たく》されるとしようか。政府の顧問《こもん》でもいいし、外務大臣でもいいし、まあ、総理はおこがましいから、幕引き役でもいいけども、そういう役割を託されたとする。そして、「どうにかしてください。どうしたらよいのですか」と、首相でも天皇でもいいけど、ご下問《かもん》を受けたとして、どうアドバイスするかということだな。

まあ、この本、古くなっちゃうかもしれないけれども、今、アメリカはトヨタバッシングをやってるでしょ？　あんなのは、トヨタいじめなんかが本当の目的じゃないことは、もう明らかだよな。あれは、もう戦争が始まったんだ。いよいよ、日米戦争が始まったんだ。

まず、経済のレベルで前哨戦《ぜんしょうせん》が始まった。「日本最強のトヨタを、まず潰《つぶ》す」というやり方は、アメリカ的だよな。アメリカは効果的な戦いをするので、「日本でいちばん強い企業《きぎょう》はどこか。それはトヨタである。トヨタをこてんぱんにぶっ潰してしまおう」と、ぐうの音《ね》も出ない程度、立ち上がれない程度までいじめ、締《し》め上げて、「アメリカが怒《おこ》ったら、どのくらい怖いか」の見せしめをやろうとしているんだよ。

これをやって、「日本の全企業を同じようにやれるんですよ。次は、国家もやれますよ。それを気づきなさい」ということで、トヨタいじめをやってるわけだ。ああいうＣＩＡ体質の国だから、謀略《ぼうりゃく》はいくらでもできますよ。民間を巻き込《こ》んで謀略をかけてくる。最強のトヨタを、いくらでもマットに沈《しず》められるというところを見せているんだ。

「野球であろうが、ボクシングであろうが、アメリカが本気になったら、ヘビー級チャンピオンとして、相手をマットに沈めるぐらいは簡単なんですよ」「ビッグスリーが、簡単にやられると本当に思っているんですか。アメリカ政府のほうが手加減をしているだけであって、本気になったら、そんなもの、敵を潰すぐらい簡単なんですからね。トヨタ潰しぐらい、簡単にできちゃうんですよ」というのを、今、軽いジャブのレベルでやっとるんだ。

だから、向こうの政府は、世論《せろん》操作ぐらい、お手のものなんだよ。日本の政府は、まだそこまで上手じゃないけど、向こうは世論操作ぐらいできちゃう。そういう装置がいくらでもあるから、あっという間にできちゃうんだ。

日本を叩きながら、アメリカの経済を急に伸《の》ばし、復興させる。そして、日本が落ち目になりながら、アメリカはぐうっと上がり、オバマ人気がガーッと上がる。こんなことは、アメリカの民主党でも平気でやるんだな。

だから、今、日米戦争の第一ラウンドが、すでに始まったよ。

アメリカは日本に〝踏《ふ》み絵《え》〟を迫《せま》ってくる

さらに、中国との関係だな。アメリカは台湾《たいわん》のほうに武力支援《しえん》を一部するようなことを言ってるよな。これはもう、アメリカの態度は完全にファジーになって、いかなる態度でもとれるように見せている。これも、完全に、次のパンチがどこから出るか分からないスタンスをとったね。どうにでもなる。中国と戦うことも、日本と戦うことも、アメリカはフリーであると。

また、アフガンと戦うことも、イラクと戦うこともできる。イラクとの戦争をやめてアフガンのほうに移したのは、オバマの判断だな。

それに対して、鳩山は、「米軍に対する給油はしません。期限が切れたら、やめます」と言った。ということは、これは「同盟から外れる」という意思表示だよな。これは、アメリカとしては、鳩山を制裁しなければいけないよな。

この制裁が、今、トヨタあたりから始まってきているけども、本人はまだそれに気がついていないようだ。

頑固《がんこ》に同じ方針を貫《つらぬ》いて言ったり、社民党に振り回されたようなふりをしたりしても、そんなものに騙《だま》されるほどアメリカはばかではない。「こいつは、アメリカを敵視してる」と判断してるから、敵対政策をとりますよ。「中国と戦ってほしいですか？　それとも日本と戦ってほしいですか？」と、〝踏《ふ》み絵《え》〟を迫《せま》ってきますよ。

「長期的には、中国と仲良くしたほうが、アメリカには経済的メリットが将来的に望めます。中国マーケットを耕して、アメリカ製品を売り込めば、やがて日本の二倍、三倍の市場になっていくと思います。アメリカは、そのほうが先行きはいいのだけれど、そういうハンディがあっても『日米同盟を堅持《けんじ》せよ』と言うなら、日本はそれだけのフェイバー（恩恵《おんけい》）を出さなければいけませんよ。アメリカにメリットがあることをやらないといけないし、忠誠心を示さなければいけません」ということだ。

ところが、アメリカに忠誠心を示さず、利益も与《あた》えずに、ただただ、「マニフェストに書きました」とか、そんなことを言ってやっている。

もし、日本の首相たる者が、そして、スタンフォードに留学して大学院まで出たような者が、日米同盟は軍事同盟であるにもかかわらず、「今までしていた米軍への給油をやめる」ということが、反米的な行為《こうい》であるということを理解できないような知性であるとしたら、それは由々《ゆゆ》しき事態である。

しかし、それほど低い知性のはずがないとしたら、「知っていて、やっている」

ということだから、明らかに、米軍の世界的軍事行動に対する反対の意思表示というように取れる。完全にそう取れるので、「日本は、もしかするとイスラム圏《けん》と同じかもしれない」と考えられなくもないわけだね。

だから、今年、オバマ政権は大きく変化してくるよ。揺《ゆ》さぶりをかけて、まず、ジャブを打ち込んでくる。トヨタの次が出てくるはずだ。トヨタ叩きをしてもまだ分からないなら、次に別のものをもう一つ打ってくる。

それが何であるかは、今、考えてるところだと思うが、たぶん、日本が誇《ほこ》りに思っているようなところを攻《せ》めてくるはずだね。

あるいは、日本は食料の自給率が低いから、農産物なんかのところで、ちょっと意地悪をすることだって、ないとは言えないね。そういうことをやるかもしれないし、昔やったやり口から言うと、燃料等を海外から日本に入りにくくするようなことぐらいは、できないことはないよね。ガソリンの価格を高騰《こうとう》させればいいわけだから、その程度のことは、ＣＩＡがやることは可能だね。

だから、トヨタ車の欠陥《けっかん》を指摘《してき》して、それを日本がうまく言い逃《のが》れしたら、例えば、次は、日本に入るガソリンがやたらと高くなって、入りにくくなるようにする。さらに、次の意地悪をしようとしたら、日本近海を中国海軍がうようよして危険を感じるようにさせる。「しかし、憲法改正はできない。どうするか」というジレンマに追い込んでくるね。

もう一段、引き金を引いたら、鳩山政権を倒《たお》すか、あるいは、「うちと一戦やりますか」ということになる。

アメリカの「極左」のオバマでさえ、そういう人なんだよ。これがアメリカ合衆国なんだ。それを知らないで、日本の民主党や社民党の仲間だと思ってるんだったら、大間違いだということだね。

ケネディだってフランクリン・ルーズベルトだって民主党だったのだということ

とを忘れてはいけない。日米戦争で日本を叩き潰したルーズベルトは、民主党だよ。民主党員が日本に原爆《げんばく》を落としたんだから、なめちゃあいけないんだよ。全然、違うんだ。

向こうは、その辺を、「鳩山は知っててやっている」と、半ば〝灰色〟と思っている。「鳩山は、小沢の剛腕《ごうわん》のせいのようなふりをしてごまかしている。あるいは、それを盾《たて》代わりに使って、自分は何も分かっていないようなふりをしている。本当にずる賢《がしこ》い奴だ」と、今、見はじめている。

まあ、麻生《あそう》なんかはすっきりしていたよ。アメリカに飛んできて、「原爆をつくっていいですか」とか訊きに来たっていうんだから、非常に単純明快な男であったよな。アメリカは、「いやいや、米軍があるから、第七艦隊《かんたい》があるから、その必要はない」と答えたけれども、鳩山だったら、いったいどうしたいのか、なかなか分からんね。

アメリカは古い武器を消費するために戦争をしたがっている

今年は、外交は危機だよ。このままで行くと、年内に日本は、「アメリカを取るか、中国を取るか」の二者択一《にしゃたくいつ》に追い込まれる。将来的なおっきな話としてはね。だけど、どっちを取るにしても、先行きは厳しい結論が出る可能性があるな。

いちばん怖いのは、「米中が組んで日本いじめをする」っていうスタイルだね。これは幸福実現党が去年言ってたことだけれども、米中が組んで日本いじめをするだろう。たぶん、徹底的《てっていてき》ないじめになる。これは怖いよ。

それで、「憲法九条はあくまで死守する」なんて言ってたら、もう救いがたい状態にやがてなってくるね。

米軍基地が日本国内にあるっていうことは、ある意味で、まだ占領《せんりょう》状態が一部続いてるということだから、その砲弾《ほうだん》とミサイルが首相官邸《かんてい》に向けられたら、その段階で戦争開始なんだ。この前、「再占領」という言葉を聞いたけど（『松下幸《こう》之助《のすけ》　日本を叱《しか》る』〔幸福の科学出版刊〕参照）、本当にされるよ。やりかねないよ。口頭だけで日本を降伏《こうふく》させて再占領できるんだから。アメリカ大統領が、「日本を再占領する」と宣言したら、それで占領は終わるんだ。

日本の自衛隊が、在日米軍と戦うかといえば、絶対に戦わないよ。それこそ、さっきの西郷さんじゃないけれど、それほど情に溺《おぼ》れる人はいない。米軍の力は分かってるので、「われらに勝ち目はございません」ということだ。

それは最初から分かってることだよ。軍のレベルでは、向こうの武器を全部知ってるから。原爆まで入ってきていることも知っている。当然だ。

それに、アメリカの軍需産業のほうでは、古い武器を全部一掃《いっそう》したいんでね。砲弾やミサイルを全部消費して、新しいものをつくり、ケインズ経済学的に景気を回復させたいので、本当は使いたくてしょうがないいんだよ。

アメリカは、トマホークミサイルなどを段階的に廃棄《はいき》するとか言ってるけども、あれをどこかに撃《う》ち込んで全部消費してしまい、有効利用して新しい武器をつくって景気を回復させたいんだ。だから、今、戦争をしたくてしょうがないんだよ。今、アメリカは戦争の相手を探しているんだよ。本当は、戦争をもっとやりたくてしょうがないんだ。

だけど、アフガンだとゲリラばっかりだから、戦争としてはちょっと物足りないんだよ。もう少し近代化したところと戦わないとだなあ、目に物見せられないじゃないか。

トマホークを撃って、ビルディングが倒れるとか、粉々になるとかね、そういうシーンをCNNやBBCで世界に流したいんだよ。アフガンの山岳《さんがく》地帯に撃ったってヘビが死んだとか、そのくらいでは、武器効率が悪いし、売り込みとしては役に立たないんだよ。

だから、「アメリカは、古い武器を一掃したいと思っている」ということを知らないといけないと思うね。

軍事が分からない総理をアメリカは許さない

今年のシナリオは、「米中のどっちを取るのか」という踏み絵が来るということと、その判断ができないというなら、次は、「米中が組むぞ」というのが来るということだ。

次の、五月期限の基地問題があるけれども、姑息《こそく》な手段を使い、言い逃れをして生き延びようとするかもしれない。「政権のメンバーを替《か》えました」と、なかなかだけでたらい回しをして生き延びようとするかもしれない。

参院選は逃《に》げられないけど、うまくやれば次の衆院選は逃げられるからな。国内世論だけをうまく操作できれば、ぎりぎりまで引っ張って、ちょっとトップだけを入れ替えて生き延びようとするかもしれないけれども、たぶんアメリカは許さないよ。

根本的に、「アメリカとの条約のほうが、党の方針やマニフェストに優先する」っていうことを分からない人が日本の総理になることを、アメリカは許さないと思うよ。

そういう軍事同盟というか、軍事が絡《から》む条約っていうのは、国内法に優先するんだよ。そうしないと、国内法に縛《しば》られたんではは多国籍《たこくせき》間での軍事行動なんて絶対にできないからね。

だから、アフガンの件では、けっこうカチンと来てるよ。給油を打ち切ったたっていうのは、ゲリラを支援しているとしか思えない。「民生支援をしますから」と言うが、その相手はゲリラだよ。「ゲリラが再就職するときに助ける」っていうんだろう？　とんでもない話だ。

今、戦闘《せんとう》中の相手だ。敵だよ。それを、「戦争をやめ、兵隊をやめたときに、再就職しなきゃいけないから、そのお世話をします」と言ってる。「こいつらは、何を考えているんだ」ということだ。再就職どころか、アメリカはもう殲滅《せんめつ》したいぐらいだから。アメリカを攻撃したなんて許せないことだからな。

まあ、この辺が分かってない。ぼんやりとした、何とも言えない雰囲気だな。鳩山の論旨《ろんし》は非常に明快なんだけど、やはり軍事が分かっていないんだよ。うん。

B――ありがとうございました。

勝海舟　鳩山もね、オバマみたいにさ、「核兵器《かくへいき》のボタン」が入ってるアタッシュケースを持ち歩かされたら、いよいよ本気に感じてくるんだけどね。

「このボタンを押《お》した段階で、本当に核ミサイルが飛ぶ」っていう緊張感は、誰がアメリカ大統領になってもあるわけだからね。本当に、地球の半分ぐらいを粉々にしてしまうからね。ええ。

鳩山には、そういう緊張感がないからね。怖いのは、マスコミに悪口を書かれることぐらいだからね。

救世主の言葉を聴《き》かなかった反作用は国レベルで来る

だから、今年は外交危機ですよ。

私の考える最良の選択は、日本にとっていちばんいいのは、それはもちろん、幸福実現党が第一党になることだ。それが、本当はいちばんいいと思うな。日米の摩擦《まさつ》を避《さ》けたければ、衆参同時選挙をやって、幸福実現党が第一党になればいい。そうしたら、日米関係は強固なものになるよ。これが、本当は、日本にとっていちばんいい選択だ。

だから、去年、それを言って、選挙のほうをやらせたんだけど、日本の国民とマスコミが、これほど呑み込《のこ》みが悪いとは、残念ながら思わなかった。

私たちの時代は、民主政治の時代ではなかったので、まあ、西郷どんとか、私とか、任された一人が、「そうしましょう」と判断すれば、最終的には済んだんだ。私たちは、そういう時代の人間だから、「マスコミ情報による支持率の上下で得票率が変わって、政治が動く」っていう時代は、われわれも、残念ながら、その辺は実際にやってみないと分からないところがあった。

けれども、去年の夏、幸福実現党が勝てなかったことが、歴史的にどれほど大きな重みを持っているかということは、あとになるほど、これは響《ひび》いてくるよ。

もし、去年、勝ってたら、まあ、第一党にはなれなかったとしてもだね、何十議席かでも取って、あんな社民党とかに揺さぶられないで、国政に影響《えいきょう》を与えるところまで行っていたら、将来は違っただろう。

だから、あとになるほど、去年の衆院選で幸福実現党が議席を取れなかったことが響いてくるよ。

まあ、西郷どんも恐れてたけどね、「救世主だ」と言ったイエスを十字架《じゅうじか》に架けたら、その四十年後にユダヤの国自体が滅《ほろ》んでしまったわけだ。ピラトだか何だか知らんが、ローマの提督《ていとく》は、「自分は、死刑《しけい》にするのは嫌《いや》だ。この人には何の罪もないじゃないか。正しいことを言ってるじゃないか。ローマは関知しない。殺すなら、ユダヤ人の手でどうぞ。『メシアではない』と思って殺すなら、そちらでどうぞ。その血の呪《のろ》いはユダヤ人にかかるように」ということで、責任をそっちに振った。賢《かしこ》いわな。それで、結局、ユダヤの国自体が滅びることになった。

去年、幸福実現党は、三百数十人が立候補して全員敗北したけども、この大敗北は、西郷どんの話みたいになって申し訳ないけど、場合によっては、何十年か後《ご》に、日本がなくなる布石になる可能性は極めて高い。

四十年もたたないうちに、早ければ、十年後か二十年後かもしれないけれども、「これが転換点《てんかん》だった」ということを、歴史家が、あとで書くことになる可能性が高い。「このときに、もし幸福実現党が勝っていたら、こんなことにはならなかった」ということになる可能性が高いんだ。

「救世主が、わざわざ選挙に出る」というのは、そういうことなんだよ。そこまで未来が見えてるからやっているんだ。それはもう大変なことなんだ。マスコミも国民も、ものすごい罪を犯《おか》したんだよ。日本を国難に追いやった。警告を聴《き》かなかった。救世主の言葉を聴かなかった。これに対する反作用というのは大きいよ。国レベルで来るよ。

マクロ認識のないマスコミが国を滅《ほろ》ぼす

だから、あなたがたは今年も戦うけれども、おそらく、マスコミの神経の鈍《にぶ》さから見て、反応はほんのちょっとだろう。あなたがたに、議席を何議席かやってもいいというぐらいだろう。「一議席から五議席ぐらいやって、何かちょっと宗教界の代弁ぐらいさせてやればいいいんじゃないか」という程度にしか、たぶん考えておらん。

こちらが、それほど大きな目で見て、この国の危機を感じているということを分かっておらん。自分らのほうが賢いと思っている。だけど、マスコミの知能っていうのは、残念ながら、未来を見通せる人の目から見りゃあ、もう本当にアリみたいな知能なんだよ。それが分かってなくて、自分たちを賢いと思っている。

それが国を滅《ほろ》ぼしていくということが、まだ見えとらんな。自分たちが国民をミスリードしているということが、見えとらん。

去年の敗北は、あとになればなるほど効いてくる。でも、このパターンは、過去の宗教で、実は何度も何度も起きていることだ。大本教《おおもときょう》も、「東京に火の雨が降る」とか言ったために、弾圧されたけどもね。結局、そのとおり火の雨が降った。だけど、大本教の再興にはならなかったわな。ま、こういうことで、正しいことを言っても迫害《はくがい》されることがある。

今年も参院選に出るけど、下手をすれば負けるだろう。二回も負けたら、「この宗教は、おかしい宗教だ」みたいなことを言われることもあると思う。

あなたがたが敗れることによって、あなたがたの宗教が正しい宗教であることを証明しなきゃいけなくなるかもしれない。それはつらいな。そういうこともあるということだな。

外交のところは、現実には危機的な状況《じょうきょう》にある。いちばんいいのは、幸福実現党が勝つことだ。二番目にいいのは、自民党が復権することだろうけれども、残念ながら、今の状況では復権は成らないだろう。

今の谷垣《たにがき》総裁では勝てないし、それに反旗を翻《ひるがえ》す奴らも出てきたけども、自民党のさらなる分裂《ぶんれつ》以外の何ものでもないだろうから、自民党がもっと弱くなって、弱小化して、分裂する。そのことを喜ぶ人が、たぶんもっと増えてくるだろう。

マクロ認識のない奴らには、やはり責任が生じるということだな。いや、けっこう、本当に危ないよ。うん。

B――ありがとうございました。

勝海舟　うん。

3　国論を沸騰《ふっとう》させるものを仕掛《しか》けよ

C――私は、幸福の科学で、メディア文化事業を担当しております。私からは、先ほどから話が出ている「マスコミ」について、お伺《うかが》いします。

この日本を本当に希望のある国にするためには、どうしても、今のマスコミ業界、放送業界の改革が必要だと思います。「最後の護送船団」と言われている放送業界の電波利権を突《つ》き崩《くず》すための方策について、ご教示をお願いします。

それから、今の日本のマスコミが唯一《ゆいいつ》できていないことは、「世界への情報発信」だと思います。それを幸福の科学がやっていかなければならないわけですが、そうした放送業界に幸福の科学が宗教として参入するためには、何をしていかなければならないのか、その点についてアドバイスをいただければと思います。

日本人は世界に対して責任を感じていない

勝海舟　まあ、今の日本のマスコミが世界に発信できてない理由はね、世界に対して責任を感じてないからだよ。だけど、それはマスコミだけではないかもしらん。日本人全体の問題だな。世界に対して責任を感じてないもの。

やはり、国内問題ばかりに相変わらず関心があって、マスコミもそればかりを追いかけている。「日本が外国に責任を持つ。世界に責任を持つ」なんて、そんなことは考えられないでいる。先の戦争で敗北したことを、ある意味で悪用しているわな。

日本が敗戦したとき、ＧＤＰは限りなくゼロに近かったと思うから、世界最低に近いレベルだったと思うけども、その後《ご》、ここまでの大国になったら、そりゃ当然、〝体〟の規模相応の責任は出てくるよ。

世界第二の大国になっていながら、国連の常任理事国にもしてもらえないんだろ？　これは、戦後体制そのものが変わっていないということだ。

世界第二の大国が常任理事国に入れない理由は何であるか。それは、基本的には軍事力がないということだよね。軍事力の行使ができない。独自の外交ができない。判断ができない。これが、世界の他《た》の国から見て、「大国としての条件を満たしていない」ということだな。

だから、今、あんたがたから中国という国を見たら、「金儲《かねもう》けだけを一生懸命《いっしょうけんめい》やっている。特に、南部がお金儲けに奔走《ほんそう》しているけれども、政治のほうは旧態《きゅうたい》依然《いぜん》とした全体主義だ」という感じに見えていると思うが、いや、日本もそうなんだよ。「一生懸命に金儲けだけには走っているけれども、肝心《かんじん》の頭の部分は働いとらん」と思われてるわけだね。

「世界の正義とか、あるべき姿とか、世界で戦争が起きたり紛争《ふんそう》が起きたりしたら、どうすべきかとか、何一つやらないじゃないですか。どう思ってるんですか。例えば、イランの核開発《かくかいはつ》問題は、どうするんですか」ということだ。

日本は「半主権国家」である

あるいは、北朝鮮《きたちょうせん》の問題で、いちばん危ないのは日本と韓国《かんこく》だろう。自分たちがどうしてほしいのか、もっとはっきり言わないといけないのに、「アメリカはどうするんでしょうか。中国はどうするんでしょうか」みたいな感じで放置しているんじゃないかね。これは、大人になったのに、揺《ゆ》りかごのなかに入ってるような状況《じょうきょう》に近いわな。

自分で手足を縛《しば》っておいて「私はなぜこんな目に遭《あ》うのでしょうか」って言ってるような感じだな。自分で手錠《てじょう》かけてね、「あれ？　私はなぜ、こんな犯人扱《あつか》いをされるんでしょう?」と言ってるような状態だよな。

ばかとしか思えないんだよ。「戦争で負けたのは、しかたないけれども、十年もたったら、ちゃんと、自分たちの考えで自分たちの国ぐらいつくりなさい」ということだ。そんなのは当たり前のことだよ。

ドイツだって、戦後、自分たちで憲法改正を何回もやってるよ。当たり前のことだよ。だから、日本は、国として一人前じゃなくて半人前なんだ。半主権国家なんだよ。半分しか主権を持っていない国家で満足しているんだ。

それで、いまだに戦後の補償《ほしょう》だとか、朝鮮人の強制連行だとか、南京《ナンキン》事件だとか、何だかんだ言って、ちょっとつつかれたら、すぐに怯《おび》えておたおたするし、「靖国《やすくに》神社に首相が行った」と言ったら、うわーっと騒ぐ。

はっきり言って、ヨーロッパやアメリカの人たちは冷めた目で見てるよ。アメリカの大統領がアーリントン墓地に行って敬礼したりするのを、ベトナムの人たちが一斉蜂起《いっせいほうき》して怒《おこ》ったりしたら、「何？　じゃあ、もう一回戦争するか」って、言いかねないよ。そりゃそうだよ。当たり前だよ。

そんなことは内政干渉《かんしょう》であることぐらい、世界的には常識だよ。日本は内政干渉されすぎているね。

だから、「マスコミがどうしようもない」というよりも、日本国民がどうしようもないんだと思う。

戦争に負けることはあるけれども、ちょっと、あまりにも情けないのと違《ちが》うか。百年、二百年と、長く植民地になっていた国でも、みな自立を目指して頑張《がんば》ってるんだろう？

まあ、ひどい話だよ。例えば、インドだって、イギリスに百五十年ぐらい支配されてたのかな？　まあ、よくは知らんけれども、世に不正はいっぱいあるよ。チベットだって、あっという間に国を取られてしまった。世の中に、こんなことはあるわけだよな。

そういうことがあるのは常識なのに、自分らで勝手に手足を縛ったままで、何もする気がない者は、救われなくたってしょうがないじゃないか。

国会で、「法律、法律」って言うけど、「権利の上に眠《ねむ》る者」は保護されないんだよ。そういうことになってるだろう？　そんなのは欧米《おうべい》の常識だよな。

だから、自分たちが権利を主張したいなら、そうすべきであって、「竹島《たけしま》の日」なんか決めて、県議会だか何だか知らんが、そんな決議したって駄目《だめ》なんだ。

自分の国の領土であるんだったら、実際にそういう意思表示をしなきゃいけないのに、何もしないで過ごしてたら、そんなもん、取られたってしょうがないじゃないか。それが国際常識なんだよ。

〝ヤクザ〟の言いがかりに言い返せないとは情けない

だから、この国のあり方そのものに問題がある。もし、奴隷根性《どれいこんじょう》が育ってるんだったら、もう、奴隷として生きていくのはしかたがないよ。

でも、先人たちに申し訳ないと思って、せめて腹を切ってほしいなあ。

だから、靖国神社に参拝するかしないかの問題じゃなくて、首相は靖国神社の前に行って切腹したらいいんだよ。そしたら、世界の人たちは、「うわーっ。日本には腹切り文化がまだあるんだ。やはり侍《さむらい》なんだ」と思うだろう。

「靖国神社参拝への反対に屈《くっ》したことは残念である。私は公約違反をしたので腹を切る」とか、小泉《こいずみ》もそのくらいやったらよかったたねえ。八月十五日に腹でも切ってたら、世界は尊敬したと思うよ。「これは、すげえ国だ。日本はやはり侍の国だったか。これは日本を怒らせたら大変なことになるぞ」っていうことになるな。

だけど、世論の様子を見ては、「日を変えて参拝する」とか、「参拝をやめる」とか、こんなことばかりやってる。こんなの、指導者としてはみっともないわ。もう、みっともなくて見ておれん。

外国が文句を言うんだったら、首相官邸《かんてい》の屋上にパトリオットミサイルを備え付けて参拝したらいいよ。参拝したいんだったらね。したくないなら、もう、おっしゃるとおりにしたらいいよ。

だから、してもいない強制連行を認めて、教科書に書いたっていいし、賠償《ばいしょう》だって、しても構わないと思うよ。南京市に三十万しか人口がなかったのに、「三十万人殺した」と言われて、「そうです」と言えるんだったら、それは、原爆《げんばく》以上に強い陸軍を持っていたということだろう。「わが国は、すごい陸軍を持っていて、一人当たり三十人殺せるぐらいの力を持っていました」と、まあ、宣伝したらいいかもしらんけどね。

　ばかげてるんだ。そんなことは、世界の人はみんな知ってるんだよ。だけど、〝ヤクザ〟の言いがかりに対して言い返せないでいるっちゅう状態なんだな。

　これに対しては、やはり「情けない」と思わなきゃいけない。

　だから、「トヨタの社長が、アメリカの公聴会《こうちょうかい》でただただ謝《あやま》る」みたいなことは通じないっていうことが、まあ、英語をしゃべれるのに分かっていないっちゅうことだな。アメリカにしょっぴいてこられて、答弁させられるっちゅうことはだな、アメリカ的方法で戦わなければいけないことを意味してるんだけど、日本的方法でやったよな。それは駄目だよ。

　それは、オバマが日本へ来て、天皇陛下に頭を下げて敬礼したので、アメリカ国内から批判が沸騰《ふっとう》したのと同じなんだ。

　だから、負けてはいかんものも、やはりあるということだな。

アメリカ的に言やあ、「そんなにトヨタの欠陥《けっかん》を言うなら、じゃあ、ほかのビッグスリーの欠陥を言ってやろうか」って言ったらいいんだよ。「GMの車には、ここに問題がある」とか、「フォードの車は欠陥車だ。ここに、こんな問題がある」とか、バンバン言ったらいいんだ。

それを言いまくったら、とたんにニュースの配信を止めてしまうだろう。世界中でアメリカ車が売れなくなるからだな。

そのくらい言い返さないと、本当はアメリカでは戦えないんだよ。トヨタのように、ただただお詫《わ》びしてるだけでは駄目なんだよ。

談合体質の日本のマスコミは、世界では通じない

そういう意味で、マスコミの問題はあるけれども、ただなあ、現代のマスコミは、どこも、そんなに自分の力を過大評価はしていないんだよ。

記者はみな匿名《とくめい》だしね。視聴率が十パーセントあるとかいっても、本当に一千万もの人が見てると思ってないし、自分らの意見をみんなが信じているとも思っていないいんだよ。

ニュースを読み上げてるけど、そんなに影響《えいきょう》があるなんて思っていないから、現実は、無責任なんだよ。「もし、国民がそれを信じたらどうするか」と考えたら、それはすごい慎重《しんちょう》になるけど、そんなに考えていないいんだよ。

時間内に消化することだけを考えているのであって、アナウンサーやキャスターは、「責任を持ってつくってるのは後ろの人たちだ」と、後ろの人は、「経営層が責任を持つ」と、経営層は、「スポンサーがＯＫと言ったら、それでいいんだ」と考えている。

「文句があるなら、国民から言うべきであって、国民が文句を言わなければ、そのまま流していいのだ。嫌《いや》ならチャンネルを替えたらいいんだから、別に自由だ。だから、自分でチャンネルを合わせた以上、しかたないじゃないか。嫌だったら切ればいいんだから。宗教で言やあ、どの宗教に入信するかと一緒《いっしょ》だろう。自分でチャンネルを合わせて見て、そして、『こんなことを言われた』と言うのは、被害妄想《ひがいもうそう》だ」と、まあ、こういうことだろうね。

だから、「ザ・リバティ」とか、いろいろあるんだからさあ、「報道が間違っている。偏向《へんこう》している」と思うんだったら、バシッと批判を書くのが、やはりいちばんこたえるはずだよ。うん。パシッと書いたらいいんだよ。「これはおかしい」っていうことを堂々と書くべきだと思うし、あるいは、ほかの人にも言ってもらったり、自分たちでやはり言うべきだな。

ただ、宗教が本格的にマスコミに進出しようとしても、彼らには談合体質がある。彼らは、ゼネコンのことなんか批判できるような立場じゃないんだよ。もう、完全に談合している。

ゼネコンの談合なんか、お互《たが》いに、「次はどこが落札するか」を決めていて、値段も全部ツーツーで分かっていて、「いちばん高い値段で落札できるようにしましょう」ということで談合して、「次は○○建設さんですよ」みたいな感じでやってるんだろ？

マスコミも、みな一緒さ。横流しでだいたいやっていて、スクープだって譲《ゆず》ってくれることもあるしね。

だから、まあ、この談合体質は日本の体質であって、日本の美質でもあったんだけど、ただ、世界標準としては通じないな。

リスクを取って〝激辛《げきから》〟の議論を打ち込《こ》んでいけ

今年は、『創造の法』（幸福の科学出版刊）でも言ってるけど、やはり「奇人《きじん》・変人」が大いに議論をすべきだと思うな。

ある意味で、辛口《からくち》の議論をどんどん吹《ふ》っかけていかないといけないと思うし、小さなものが新しく発信していくときには、やはり何ていうか、あんまりおとなしすぎては駄目で、スパイスを効かせて、ちょっと刺激的《しげきてき》でないといけない。インド人は日本のカレーなんか食ってくれないよ。「こんなのはカレーじゃない。これはシチューだ」って言うと思うな。

だから、テレビであろうと、記事であろうとな、やはり、一口食べたら飛び上がるぐらいのものをつくらないと。インドカレーで言えば、辛味《からみ》度数が〝三十度〟の、一口食べたら天井《てんじょう》まで飛び上がって頭をゴツンするぐらいの〝激辛《げきから》〟を、やはりときどき打ち込《こ》まないといかんと思うなあ。

このままでは、どうせ駄目なんだから。駄目になる前に、やはり言わないといかんと思うね。

だから、さっきも、「腹を括《くく》って責任取れ」と言ったけども、「自分一人の首で済むんだったら、やれるところまでやります」ということで、やったらいいんだ。

だけど、まだこの教団は、何をやっても、教祖一人に全部責任を取らせる体制だからな。全体的には、卑怯《ひきょう》な体制になっていると思う。それは、周りもそう思ってるよ。よその教団は、みな、教祖には責任を取らせないようになっている。教祖にだけは責任が及《およ》ばないように、完全防衛する体制をどこも敷《し》いてるけど、ここは、教祖が自ら責任を取る体質だからな。

こんなんでは駄目で、弟子《でし》がみな、残念だけど「侍」ではないな。わしは、弟子が侍ではないと思う。だから、局長だとか理事だとかを張るんだったら、侍でないといかんと思うな。侍にならないといかん。

その〝激辛責任〟を取らないといけない。激辛のカレーを食ってくれなかったら、残りものは、あんたが全部食わなきゃいけないんだ。一生、水を飲んででも、その残りのカレーを自分で食べなきゃいけない。それに耐《た》えないと駄目だっていうことだな。

もう少し、そういうリスクを取って戦う体制を幹部陣《じん》が取れれば、もう一段、全体的には大きくなって、攻撃《こうげき》総量も増すようになる。

これは政党にも言えると思うよ。まだまだ貧弱そのものだな。

ところで、今、テレビで放送してるけど、あれは何だ？　「龍馬伝《りょうまでん》」か？　まあ、「土佐《とさ》の上士《じょうし》と下士《かし》では身分が違って」とか言って、「インドのカースト制かい」っていうような感じのものを一生懸命やっとるけど、そんなものでもないぞ。あれは間違ってるよ。

やはり侍の世界で、刀を持ってるからね。下士だって、侮辱《ぶじょく》されたら刀を抜《ぬ》くよ。侍の世界っていうのは、実際は、あんなふうに「上士だ、下士だ」って言って、そんなに簡単にいくもんではないわ。テレビは間違ってるよ、あれ。

相手が武器を持ってない場合は、それはやれるよ。相手が町人の場合は、蹴《け》り飛ばしたって平気さ。だが、相手は武士だよ。武士は、侮辱されたら刀を抜くよ。「上士が下士より強い」なんていう保証はないからね。下士のほうが強いことだって十分にあるから。あれは、番組のつくり方としては明らかに間違っていると、わしは思う。

すでにわしらの時代は、もうそんな時代じゃなかったな。もう実力主義の時代に完全に入ってたので、あんなことはない。あれは描《えが》き方が間違ってるな。

何の話だ？　マスコミ参入な。だから、周りの様子を見て、「お仲間の一隅《いちぐう》に加えていただいて、みなさんと調和して、談合しながら、一緒に仲良くやりましょう」って言ったら、同じ談合体質に入るだけのことだ。

だから、〝日本人が食べないカレー〟をつくらないと、意味がないな。そうでないと、そもそもやる必要がないと私は思う。打って出る以上、やはり、絶対にほかのところがやらないと思うものに挑戦《ちょうせん》しなきゃいけないね。ほかのところがやるようなものを、する必要はない。そんなものは、電波に乗せるだけの意味なんかない。やる以上は、「これは、ほかでは絶対にやらない」と思うものを狙《ねら》っていきなさい。それが生きがいだ。

やはり激辛で行かないとな。意味のない仕事はしてはいけないよ。ただ電波に乗せてもらって、「うわあ、うれしい。うちの番組も電波に乗った。一般《いっぱん》の人もちょっとは見てくれたかもしれない」とか、このあたりで喜んどったら、今のマスコミより下になるんだよ。君、分かるか。いわゆる〝下士〟になって、無礼討《ぶれいう》ちにされてしまう。

「君らは、まだマスコミのレベルに達してないから」と言って、無礼討ちにされてしまう。そんなんじゃなくて、そういう威張《いば》ってるマスコミたちに、「おまえらには、こんな番組は絶対につくれんだろうが」っていうのをぶつけないといかんねえ。

奴《やつ》らは、クレームが恐《おそ》ろしいから、がんじがらめになっている。今までやってきた従来踏襲型《じゅうらいとうしゅうがた》で、「今まではこうだったから」という前例主義でやってるから、そういうのをぶち破り、前例をぶち破って刺激することだ。国論を大いに沸騰させることに生きがいを感じなければいけない。クビを懸《か》けてやれ！　国論を沸騰させるものを仕掛《しか》けていきなさい。
まあ、転職の道はまだあるよ。うん。

C——はい。ありがとうございました。

4　包囲網《ほういもう》を打ち破って勝利するには

D——本日は、ありがとうございます。

今のお話とも関連しますが、「弟子《でし》がリスクを取って戦っていく」という前提で、私たちには、まず、短期的には参院選の勝利、そして、長期的には「世界宗教・幸福の科学の樹立」という目標があります。

この点に関して、名軍師である勝先生から、内容を公開できないくらいのレベルまで、本音《ほんね》でお話しいただければ幸いです。よろしくお願いします。

去年の衆院選は勝たなければいけない戦いだった

勝海舟　去年の選挙はねえ、やはり勝たなきゃいけない選挙だったと私は思うなあ。だから、先ほどのマスコミの話に戻《もど》るけれども、公正中立に、あるいは、法律に則《のっと》って報道したようなふりをしてるけれども、本当は、政治に新しい勢力を入れないように談合して、一種のギルドとしての既存《きそん》の政治家を護《まも》った選挙だったと思う。

そして、マスコミに見識がないことを証明した選挙でもあったと思うなあ。これについては、先ほど言ったような、外交上その他《た》の国難が、これから来るから、彼らに責任を取ってもらわないといけないな。その責任の追及《ついきゅう》は、どうしても要《い》ると思う。

去年は勝たなければいけない戦いであって、幸福実現党を勝たせるように、国民にちゃんと報道する義務があったと思うなあ。

さらに、基本的には、憲法上の「信教の自由」だって守っていないし、信教の自由を認めていないと同時に、憲法上は明記されていない「報道の自由」だけ、あるいは〝報道の不自由〟だけは、しっかりと確保したような感じだったな。

幸福実現党をずうっと取材してきて、それをまったく報道しないでいられたということ自体が、〝マスコミとしての自殺〟だったと私は思うよ。

これについての反作用があるべきだと思う。国に危機が迫《せま》ってることを何も感じていなかった国民、そして、七十パーセントの支持率を与《あた》えておきながら、それを半年ぐらいで三十パーセント台まで落として、恬《てん》として恥《は》じない国民とマスコミ、これは両方とも、本当に、ばかの証明以外の何ものでもないと私は思うな。

だから、去年は負けてはいけない戦《いくさ》だったと思う。ほとんど、宗教への偏見《へんけん》そのものが障壁《しょうへき》になっていたし、「宗教の違《ちが》いが分からない」ということが障壁であっただろう。

宗教学者でさえ、宗教の違いが分からないという、情けない学問状況《じょうきょう》だしな。オウム教みたいなのを応援《おうえん》してたような学者が、いまだに活躍《かつやく》できるような、そういうジャーナリズム、マスコミ界・出版界の非常識というか、倫理観《りんりかん》のなさだな。

彼らには根本的に見て倫理がないんだよ。本当の意味での倫理がなくて、商売倫理しかないんだよ。商売上のルールしかなくて、倫理がないんだ。だから、倫理を教えなければいけないと思うねえ。

今までのような戦い方では勝ち目はない

ま、今年も、正直言って、今までの戦いを見るかぎり、かなり厳しいと思うな。残念ながら、線が細すぎる。こんな線の細い戦い方をしてたんでは、今のところ勝ち目がほとんどないねえ。今のままだったら、もうすぐ、この国はそうとうな危機のなかに完全に置かれることになるでしょうな。

線が細すぎるし、弱すぎるし、それこそ、先ほどの「マスコミの一隅《いちぐう》にでも置いてもらえたらいい」っていう考えと同じよう感じだな。「政界の一隅にでも、ちょっと席を置かせてもらえればいい」というぐらいのレベルで、まだやってるので、正直言って、今のままでは、ほとんど勝ち目はない。

こんなものでは駄目《だめ》なんだよ。これは人間の問題だ。人間としての使命感、スケール感、構想力、行動力、こういうもののスケールが、全部、百分の一しかないね。だから、全然、通用しない。

自分たちはなかなか認めないだろうけれども、やはり、既存の政治家がかなり偉《えら》く見えてるんだよ。だけど、実際は偉くないんだ。空っぽなんだよ。考えていることなんかないんだ。現実は、票を取って勝つことぐらいしか考えていなくて、それ以外には何も構想を持っていないんだよ。

「それは、そういう立場に立ったら考える」っていうことだ。「外務大臣を任されたら外国のことを考える。財務大臣を任されたら予算や財政のことを少し考えてみる。しかし、今のところは御用《ごよう》がない。まず、当選することが目的だ」というのが大多数なわけだ。

八割以上、九割以上は、こんな人たちばっかりだ。あと、政党政治も、「どっちの政党が勝つか」っていう、ただのゲームだよな。

「赤組と白組のどっちが勝ちますか」みたいなことは、どうでもいいことだよ。そうじゃなくて、「赤組と白組の主張してることを現実に行《おこな》ったら、この国はどうなるのか」ということが大事なんだよな。そこを見通して、国民にちゃんと警鐘《けいしょう》を鳴らさなければ、マスコミなんて存在する意味はない。

その罰《ばつ》として、間もなく、マスコミが次々に潰《つぶ》れていくとは思う。マスコミが潰れるのは彼らの自由だけどね、ただ、「国民を巻き添《ぞ》えにするのは、やめてもらえんかな」ということだな。

聖なるバイブレーションを帯びた侍《さむらい》となれ

さっき、「テレビも、もうちょっと刺激的《しげきてき》にやらないといけない」と言ったけれども、政治を志す人たちもだなあ、やはり、もうちょっと刺激がないといかんな。

例えば、フグはおいしいから食われるわな。おいしい身を持って生まれたのが、フグの不運ではある。食べられるのは残念だけれども、涙《なみだ》を流して食べられざるをえないだろう。しかし、「一口食べたら、そっちも死ぬぞ」と、やはり、このくらいは行かないといけないよな。

だから、勝てない相手と戦う場合は、「刺《さ》し違える」っていうのが基本なんだよ。これが侍《さむらい》の基本だ。勝てない相手と戦うときは、刺し違えだね。

自分が斬《き》られるのを覚悟《かくご》してやる。自分が助かろうと思って、逃《に》げようとしたら、斬られるんだ。腕《うで》の立つ奴《やつ》には勝てない。こちらが、身を護《まも》ろうとして、なんとかして斬られないようにしようと思ったら、絶対に逃げられずに斬られる。だけど、フグと一緒《いっしょ》で、「食ってもいいよ、ただ、あんたも死ぬよ」という、これだな。腕の弱い者、未熟な者が、高段者と戦って、勝てないにしても負けない秘術は、これしかない。

では、どうしたらいいか。そりゃあもう、「真剣《しんけん》を上段に振《ふ》りかぶって、全力で斬り下ろす」っていうことだな。こちらも斬られる覚悟で、相手の刀が自分の体に当たるぐらいのところまで突《つ》っ込《こ》んでいって、力いっぱい斬り下ろす。とにかく、その気迫《きはく》以外にないんだよ。

「こちらも斬られるのは分かってるけれども、相手も命はないぞ」ということだな。ここまでの、接近戦、肉弾戦《にくだんせん》をしないかぎり、勝ち目はないね。攻防戦《こうぼうせん》、あるいは遠隔戦《えんかくせん》をやっているうちは、まず勝てないと思われるね。

それと、内部的に言えば、やはり、教団のなかにある「温室体質」が去年の敗因だと思うな。

「準備期間が三カ月しかなかった」というのを言い訳にはしているけれども、もう一つ言えば、「すでに、指示待ち族の団体になっていた」ということが、いちばん大きいなあ。

自らが侍であれば、そんなことはなかったであろうと思うよ。だから、すでに刀が錆《さ》び付いていて抜けないか、竹光《たけみつ》になっていたという状態だな。指示があったこと以外はできない体質になっていて、こちらも役所になっていたというのが、反省すべきところだと思う。

だから、私の今の予想では、また選挙に負けて、あなたがたは迫害《はくがい》を受ける。

「宗教なんて、政治に口を出すな」という方向に持っていきたいのが、世間の基本的な流れだと見ていい。「宗教が政治に出るのなら、税金をかけるぞ」と言って脅《おど》しをかけてくるのが、世間のやることだろうし、それを正義と考えるのが、日本のマスコミだろうと思われるね。

「この国に危機が迫っており、そこから救おうとしているのだ」ということについて、認識がない。ある意味で、非常に頭が悪いと言えば悪いんだけどね。まあ、「聖なるもの」を認めない国であるので、落ちるところまで落ちなきゃいけないんだったら、しかたがないが、できたら、それほどばかではないことを祈《いの》りたいもんだな。

ただ、あなたがたが、やはり、ビリビリとした電撃《でんげき》のような、聖なるバイブレーションを帯びた侍にならないといかんだろうな。だから、政治家やマスコミ人が偉く見えるうちは、まあ、勝ち目がないよ。彼らが偉く見えるうちは勝ち目はない。

まあ、「お寺のお坊《ぼう》さんが偉いのは、お寺のなかだけ」っていう状況と一緒だよな。どんな人でも、お寺のなかに入ったら、みんな、お坊さんに手を合わせるけど、それはお寺のなかだけだ。境内地《けいだいち》のなかでは、お坊さんの言うとおりにするけれども、お坊さんが、一歩、境内から外へ出たら、誰《だれ》も言うことなんかきかない。子供だって言うことをきかない。それが今の日本の状況だな。

だから、外へ打って出ても、言うことをきいてくれないということだな。

先ほどのフグと一緒だ。あるいは、フグでなければハリセンボンだ。「食ってもいいけど、針が千本刺さりますよ」っていう、そのくらいの感じでないと駄目だろうな。

あきらめるんだったら、もう、あなたがたは、この国を見放すということになるね。

不純な攻撃《こうげき》や宗教への偏見《へんけん》に対しては一喝《いっかつ》せよ

D――　その「刺し違える」、あるいは「フグになる」ということを、政党として、具体的にどのような言動で表していけばよいのでしょうか。

勝海舟　ちゃんと叱《しか》りなさいよ！　叱らなきゃいけないんだよ、政治家であろうと、マスコミ人であろうと。

聖なる志に対して、不純な動機による勘《かん》ぐりやスキャンダル的な攻撃、あるいは宗教に対する偏見《へんけん》みたいなもので、お茶を濁《にご》し、からかって済まそうとする者に対しては、やはり、一喝《いっかつ》を与えなきゃいけないんだよ。

それができないようでは、宗教者として自信がない証拠《しょうこ》なんだ。自分たちに自信がないんだよ。それが問題なんだ。だから、まだサラリーマンなんだよ。やはり、これがいかんと思うなあ。

今、恐《おそ》れていることは、「最後は、日本もチベットみたいになるぞ」ということなんだよ。予言を聞いていればね。だから、「日本もチベットみたいになりますよ。国がなくなりますよ。ダライ・ラマは、国外に出て、五十年も『国を返せ』と言って回っているけれども、あんなふうになりますよ。それでもいいんですか」と、今、言っているんだよ。

それに対して、「今までは、これでやってきましたから」と言っているような状況だ。例えば、「チベットの山奥《やまおく》まで、中国軍が攻めてきたりなんかしないでしょう」と言ってるような、まあ、そんな感じなんだよ。

「仏教は平和主義ですので」というのを、「憲法九条を守って、この国は発展しましたので」ということに置き換《か》えれば一緒だな。

だけど、国外に逃げて、亡命政府をつくってまで、五十年もギャーギャー言うぐらいだったら、「事前に、ちゃんと戦いなさい」と、私は申し上げているんだよ。

先ほど、「アメリカにもやられるよ」と言ったけれども、もう、ここ十年、二十年の間《あいだ》で、未来の流れは、ほぼ決着が着く。考え方を間違えれば、日本人は、みな〝中国人〟になる。中国人にならない人は国外逃亡《とうぼう》だ。

日本と称《しょう》して、失われたムーの世界で生き延びていくしかない。イースター島にでも、みなで移住して、もう一回、ムー文明を起こす以外にないねえ。ラ・ムー信仰《しんこう》を起こして、イースター島の巨石《きょせき》の周りで、みなで原始生活をやるぐらいしかないなあ。

まあ、相手のほうの問題もあるが、やはり、あなたがた自身の問題でもあるんじゃないかなあ。そういう意味で、あなたがたも、標準的な日本人の域を抜けていないということかな。

〝世間の風〟が吹《ふ》かない原因は自分たちの弱さにある

いやあ、去年は残念であったな。それどころか、去年の選挙で負けたら、今度は信者のほうが動揺《どうよう》して、会を離《はな》れていったりするのが出てくるぐらいだから、こんな弱い宗教じゃ、救世の事業なんかできないよ。

ローマのコロッセウムでライオンの餌《えさ》になっても信仰を捨てなかったクリスチャンに比べたら、もう、こんなものは、麦藁《むぎわら》みたいな力しかないな。剣の代わりに、わらしべを振っているようなもんだよ。こんな弱さで、世界宗教になんかなりはしない。だから、言葉に酔《よ》っちゃいけないよ。

コロッセウムでライオンに食わされるっていうと、そらあ、みな普通《ふつう》は宗旨替《しゅうしが》えするよ。それでも、「宗旨替えしない」っていう者が続いていく、この怖《こわ》さだよな。これが、最後には、キリスト教が世界を支配していく力に、実際はなっている。

だから、あんたがたは、「カルト性が低い」って言われてるけれども、カルト性が低いということは、「信仰心が低い」ってことさ。信仰心が低くて、ある意味で、「オウム以下だ」と言われてるんだよ。

オウムは、教祖のためには死刑《しけい》に当たるようなことでも実行する幹部がいた。内容は正しくなかったかもしれないけどな、少なくとも、宗教としては、短期間で、そのくらいの信仰を固めるところまでは行っていた。

あなたがたがやろうとしていることは、そういう、殺人や破壊的《はかいてき》な行為《こうい》ではない。だけど、全体に甘《あま》いわな。だから、雑誌か何かにも書いてあったじゃないか。「幸福の科学に、大川隆法のために死ぬ人なんか一人もいないだろう」って確か書かれていたよな。まあ、そういう宗教だと思われている。

甘い宗教で、生活共同体にしかすぎないんだな。まあ、そういうことだ。だから、教祖の言うとおりにならなかったら、それは教祖の責任で、教祖が悪かったということになる。世間の批判を受けて、「うちは、まだまだ未熟でございまして、これからゆっくりやらせてもらいます」というぐらいで済ませるのが、幹部のレベルだな。

まあ、意識的には非常に低い。宗教の意識としては、かなり低いな。この辺が、いちばんの問題でしょうな。

だから、政党のほうも、時間はまだちょっとはあるけどな。今は三月か。三、四、五、六、七とあるけど、まあ、世間の風が吹《ふ》いて、持ち上げてくれるかっていったら、そんなことはないよ。風が吹いて持ち上げるのは、あなたがたじゃなくてね、ほかのところだよ。みんなの党だとか、国民新党だとか、ほかの諸派を持ち上げてくるけど、あなたがたのところには、今のままでは風は吹かない。

これは徹底《てってい》しているからな。でも、それは結局、自分たちの弱さが原因でもあるということさ。それを知らなきゃいけないね。うん。

国の危機よりも前に教団の危機が来る可能性がある

D――もう、大衆迎合《げいごう》ではなくて、正論で押《お》し切るかたちで行けと……。

勝海舟　まあ、そうだね。

だから、国が滅《ほろ》びる前に、この宗教が滅びないように、気をつけたほうがいいよ。「去年の衆院選に敗れ、今年の参院選でも敗れた」っていうのであれば、結局、この宗教を潰そうとしていると見たほうがいいよ。

この国がね、この宗教を潰そうとしているんだよ。教祖が言って、政治に進出しようとしても、それをみなで阻《はば》む。そして、実現しないことでもって、自壊作《じかい》用を起こして、教団が滅びる。これが目的なんだから。そのために、政界に進出させないようにブロックをかけているんだ。

実は、包囲網《ほういもう》は既にできていて、自壊させようとしているんだよね。教団の自壊を促《うなが》そうとして、それで、〝脱走者《だっそうしゃ》〟がいっぱい出るのを待っている。脱走者が出てきたら、脱走者の意見を聴いて、「宗教としておかしいと思います」みたいな言質《げんち》をいっぱい取って、それを流し、さらに切り崩《くず》しをかけて、教団の勢力を弱めていく。

さらに、財政的なところにもメスを入れて、教団財政を弱らせていく。そうして、「組織を解体して、人畜無害《じんちくむがい》な教団に戻す」ということだ。世間の、何というか、安定力というか、復元能力が、そういうふうになってるのさ。

宗教に力なんか持ってほしくないんだよ。「宗教は、好きな人だけが行《い》って、世間に害をなさなければよい。信じたい人だけが信じて、害をなさなければよい。害をなすものは、駆除《くじょ》しなきゃいけない。みなを信じさせようとするところは危険である」と。まあ、そういうことだな。

だから、「宗教を信じないで、マスコミを信じなさい」っていうあたりかな。

まあ、そういうところだ。

ある意味では、国が滅びるより前に、あなたがたが滅びるほうが早いかもしれない。だから、政党に任せておいたら、教団を滅ぼしてくれる力が十分に働くよ。

この点においては、西郷さんと私の意見は、ほとんど一緒だ。

二回、パーフェクトゲームで負けたら、この宗教はなくなる可能性があるよ。

あんたがたは、そういう弱い幹部だから、教団がなくなる可能性は極《きわ》めて高いね。

いちおう、そう思っておいたほうがいいと思うな。

それが嫌《いや》だったら、もう、最初からやめときなさい。行きがかりで政治活動をやるのはやめて、あっさりと身を引いて、宗教だけに閉じこもってやりなさい。

周りは、「政治の素人《しろうと》が、火傷《やけど》をするな」と言ってるんでしょう?

だから、素人だと思われているんだよ。見識があるとは思われずに、「素人が欲を出してやってる」と見られているんだ。

素人が「飛んで火に入る夏の虫」になるのを待ってるんだよ。火のなかに飛び込んできて、丸こげになるのを待ってるんだ。「熱い鉄板の上で猫踊《ねこおど》りをさせてやろう」と思って、この夏も待ち構えてるのさ。

だから、党首が、熱い鉄板の上で猫踊りをするんだよ。猫みたいに踊って、それで、爪《つめ》を立ててひいひいと逃げ回るところを見て楽しもうと、もうすぐ劇が始まるのを、みなで待っている。これが、この国の今のあり方だよ。

だから、この国においては、ある意味で、邪悪《じゃあく》なるもののほうが強いんだ。

そういうことであればね、まあ、私が、幕府が潰れるのを見通して筋書きを書いたように、勝てる見込みがないなら、やめたほうがいいよ。そうすれば、宗教としては残るだろう。

ただ、衆院選、参院選と、二連敗したら、確か松陰《しょういん》さんが、「三度目があると思うなよ」と言ってたけれども（『一喝《いっかつ》！　吉田松陰の霊言《れいげん》』〔幸福の科学出版刊〕参照）、私も、「もうない」と思うよ。要するに、信者がどんどん減っていくから、教団自体が自壊作用を起こして崩壊《ほうかい》してくると思うよ。うん。

「ここの教祖さまの言うことは、当たらないから、もう信じないようにしよう」ということで、どんどん信者が離れていって、ほかの宗教に〝客〟を取られるようにに、たぶんなってくるよ。全部、教祖の責任になってるわけだから。

それは、結局のところ、教祖の周りにいる者の「信じる力」が弱くて、それを実践《じっせん》してのける力がないだけのことなんだけどな。

まあ、国の危機の前に、おそらく、教団の危機のほうが先に来るだろうね。この前、「悪霊封印秘鍵《あくりょうふういんひけん》」とか言ってやっているのを、私はちらっと聞いたが、「幸福の科学封印秘鍵」って言って、「幸福の科学を封印してしまえ！」という感じでやられる可能性は高いだろうね。

前回、衆院選で負けたら、大川隆法が幸福実現党の総裁を辞任しただろう？参院選で負けたら、次は、幸福の科学の総裁を辞《や》めてくれるかもしれないと、期待が高まってるよ。「もう一回、選挙で負けたら、宗教法人のほうも辞めてくれるかもしれない」と、今、すごく期待が高まっている。

幸福の科学が潰れたら、マスコミから、ほかの宗教まで、みな大喜びで拍手喝采《はくしゅかっさい》だよ。

ほかの人たちは、君たちなんか、要るとは思ってないんだよ。君たちの支持率は一パーセントもないんだから。九十九パーセントは、君たちが滅びても結構なんだよ。だから、「羽振《はぶ》りよく、偉そうに言ってくれるな」っちゅうところなんだな。

相手の意図を知り、もう一段、賢《かしこ》くあれ

そのなかで、「突破《とっぱ》するか、撤退《てったい》するか」の選択肢《せんたくし》が示されている。今、行きがかり上、しつこくやってはいるけど、はっきり言って、やり抜くだけの実力はないな。戦力は百分の一しかない。

この戦力というのは、数だけの問題ではない。自民党員だって、百万人ぐらいしかいないし、民主党員だって三十万人ぐらいしかいない。その百万人とか三十万人というのは、全員が〝信者〟っていうわけじゃないからね。自民党の信者が百万人いるわけでも、民主党の信者が三十万人いるわけでもないんだ。

だから、宗教よりも弱いんだよ。政党の党員っていうのは、それほどの〝信仰心〟は持っていないんだよ。好きで手伝っている程度のことなんだ。

そういうものに勝てないっていうのは、やはり、宗教として問題があるという

ことだね。だから、次は、宗教そのものの存亡《そんぼう》がかかってくるよ。その見識のなさを問われて、みなで崩壊を促しにくるから。四方八方から敵軍が攻めてくる感じになって、「これを全部防げるかどうか」ということに必ずなるね。

だから、今の段階では、残念ながら、恥をかく可能性のほうが高いと言わざるをえないね。

まあ、わしの霊言も本になって出るんだろうけど、明治維新《いしん》のいろいろな諸聖《しょせい》賢《けん》が出てきて霊言をし、幸福実現党を応援したのに、「なんとゼロ議席だった」とか、「なんと一議席だった」とかいったら、これは驚《おど》きだよ。「それは本当に高級霊なんだろうか」というようなことを書きまくられただけで、あっという間に信者が減っていき始めて、ほかの宗教の草刈場《くさかりば》に使われる。

これが、今、彼らが持っている見取り図だからね、言っとくけど。いちおう、その程度の〝逆構想〟は持っていないといけないよ。「自分たちはこうしたい」ということばかり思っていて、「ほかの人たちはこうしたい」というものもあることを忘れてはいけないよ。まあ、そういうことだな。

だから、幸福実現党の今の戦力を見たら、まあ、残念だけど薩長《さっちょう》だけの力はないね。〝吉田松陰〟もいなければ、〝西郷隆盛〟もいない。〝大久保利通《おおくぼとしみち》〟もいないし、〝桂小五郎《かつらこごろう》〟もいないね。

まあ、昔の人だけが偉いわけじゃないからね。今の人だって〝化《ば》ける〟ことは可能なんだけれども、相手もそういうことを考えてるってことは知っておいたほうがいいよ。

だから、もう一段、賢《かしこ》くないといけないと思うね。

選挙では、今んとこ政党として認めてくれないので、支持率さえ出ない状況だとは思うけども、負けるというのが分かっていて、それでも、麻薬《まやく》みたいにどうしても政治をやめられないというんだったらな、それは、策はあるよ。策は二つある。

それは、ずばり、「自民党の保守派と組む」という策が一つ。「立候補者に一定の制限をかけ、自民党の保守派が出ないところには候補者を立てるけれども、自民党の保守派が出るところには候補者を立てないで、選挙協力をする」というかたちで、自民党と組むのが一つ。

もう一つには、「民主党に接近していき、社民党を追い落とす作戦に出る」という、やり方がある。「民主党は、数名程度の社民党に引きずり回されているので、議席を社民党の数の分ぐらいぶん取って、社民党を連立政権から追い出し、幸福実現党が入り込む。それによって、民主党政権を保守に回帰させてしまう」という策が一つ。

この二つの策です。基本的には、どっちかですね。

自民党の保守派と大胆《だいたん》に組むか。あるいは、逆に、広報局長を、とんでもない変節漢《へんせつかん》にしてしまい、民主党に急接近させ、「社民党に代わって連立をしたい。応援をしたい。お互《たが》い、やりませんか」と言って策を授ける。

衆議院を解散しないかぎり、多数はあちらですから、政権のなかに入ってしまって、社民党を蹴《け》り出す。そして、国会の遅滞《ちたい》をなくしてしまって、回天《かいてん》の偉業《いぎょう》をなす。

向こうが、「なんで、そんなことになるんですか」って訊《き》いてきたら、「おたくの幸夫人《みゆき》が金星人をとっても好きらしいので、うちと趣味《しゅみ》が一致《いっち》してるんです。うちも、霊界《れいかい》が好きで、金星人が好きで、今、宇宙人に力を入れてます。オカルト同士で仲良くやりませんか」と言う。まあ、こういうやり方が一つあるわな。

策を立てるとしたら、この二つ。そうでなければ、中央突破で単独で戦う。ただ、この場合は、次、あなたがたを〝獲物〟にする構想は、もう、十分立っているので、「二回目の茶番《ちゃばん》に対しては、厳しい判決は下《くだ》りますよ」ということだな。

これを打ち破るだけの覚悟《かくご》があるかどうかということだ。ほかの宗教の草刈場にされんようにね。

あるいは、オウム事件が起きて、宗教法人法が改正されたように、幸福の科学が選挙を戦って、宗教法人法が改正されるかもしれない。

民主党だけで法律をつくれるんだからね。衆議院で多数なんだから。宗教法人法を改正して、「特定の宗教が政治団体や政党をつくり、その資金をもって政治活動することを禁ずる」という法律をつくろうとしたら、法案は通っちゃうよ。あっという間に、一カ月もあれば通るよ。

ほかの宗教団体は、選挙の応援はしても、自ら政党をつくろうとまではしていないので、この法律で引っ掛《か》かるのは公明党と幸福実現党だけだろう。

公明党のほうは、それを知っているから、今、民主党のほうに接近中だよな。

あちらに接近しておいて、自分たちがやられないようにしようとして動いている。ある意味では、彼らは、危機管理能力というか、危機察知能力が高いわな。こちらだけが感じていないので、やられるのは幸福実現党だけだよ。

要するに、「幸福実現党が尻尾《しっぽ》をつかまれて、幸福の科学が四方八方から封《ふう》じ込《こ》められる」というスタイルが、今後、予想される事態だね。九十九パーセントが敵だったら、そういうことになる。

いちおう、そこまで考えた上で策を練らないといけないということだな。

D――たいへん貴重なご意見、ありがとうございました。

勝海舟　ハハハ。じゃあ、まあ、こんなところで、午前中はいいかい?

D――はい。

勝海舟　うん。

D――ありがとうございました。

（著者注。本章では勝海舟一流のレトリックが使われているので、激辛《げきから》のアドバイスをしていると考えて、霊自身の意見をそのまま活字にした。大川隆法の意見や教団の見解は異なっている。予備校の講師が「このままじゃ、君一校も受からないよ。」という逆説で受験生を励ましているのと同じだと考えている。）

第2章

説得力を高める智慧《ちえ》とは

二〇一〇年三月十二日　勝海舟の霊示

［質問者三名は、それぞれE・F・Gと表記］

1　政治家の役割は、人々を現実に幸福にすること

大川隆法　勝海舟さん、勝海舟さん、ご指導、よろしくお願いします。勝海舟さん、ご指導、よろしくお願いします。

勝海舟　ああ。二回やると大変だね。

Ｅ――　ご指導、まことにありがとうございます。私は、幸福実現党の○○と申します。よろしくお願いいたします。

勝海舟　選挙の責任者だな。

E――　はい。

勝海舟　うん。

E――　先ほど、幸福実現党に対し、貴重かつ厳しいご指導を賜《たまわ》り、本当にありがとうございます。

私たちの「人間のスケール」の問題であるとご指摘《してき》いただいた上で、参院選に向けた秘策として、「自民党と組むか」「民主党に接近するか」という二つの選択《せんたく》肢《し》を示していただきました。

しかし、私たちは、先ほど、「中央突破《とっぱ》」というお言葉も頂戴《ちょうだい》しましたが、正しい宗教政党として、この戦い方に挑戦《ちょうせん》をしたいと……。

勝海舟　この教団はそういう性格だよ。

E――　はい。

勝海舟　うん。

E――　この戦いに挑戦することが、人間のスケールの問題を乗り越《こ》えていくプロセスでもあると感じております。「今回の参院選を堂々と戦っていく」という方向性につきまして、ご指導を賜ればと存じます。

極論すれば、「一般《いっぱん》の人がどれだけ支持してくれるか」が問題

勝海舟　うん。まあ、だからね、自民党だって、党費を払《はら》っている党員は百万人ぐらいしかいないわけだよ。近年、五分の一に減ったんだよな。昔、五百万人ぐらいいたのが、今、百万人しかいない。

しかも、民主党なんか、わずか三十万人しかいないわけだよ、党費を払っている党員はな。

党員は、あんたがたで言やあ、何《なん》だね？　昔の誌友《しゆう》会員のレベルだな。だから、自民党も民主党も、〝誌友会員〟が、そのぐらいしかいないということだ。〝信者〟として活動しているとは言えないレベルで、確保しているのは、この程度しかいない。

それで、実際の票は、一千万、二千万と、けっこう取ってくるわけだから、極

論すれば、「一般《いっぱん》の人が、どれだけ支持してくれるか」という、その一点だよね。一般の支持の問題だよね。

「どうしたら、一般の人が支持してくれるか」ということだけれども、もちろん、知名度もあるし、好感度もある。それから、ムードも支配しやすい。「全体にそんなムードが出ている」という〝空気〟だよな。目に見えぬ〝空気〟というものには、支配されやすいわな。

まあ、そういうことはあるけれども、結局、象徴《しょうちょう》になっている人たちの人気度等が左右してくるんだな。自民党でも、総裁が替《か》われば、支持率が上がったり下がったりするようにな。

だから、民主党が、去年、勝ったのは、党首が小沢《おざわ》から鳩山《はとやま》に替わった段階で、クリーンなイメージが出たからだよな。クリーンで柔《やわ》らかくてインテリのイメージが出て、そのイメージで勝ったんだ。

その前の麻生《あそう》さんに、出来の悪いイメージが浸透《しんとう》していて、それをずっと揶揄《やゆ》されていたのでね。「漢字が読めない」とか、「マンガが好きだ」とか、「これでは尊敬できない」と責められていたので、それに、うまいことミートした感じかな。そういうものもあったかと思うんだな。

「人間的に好感が持てる」ということが大切

まあ、人は、自分自身のことは、なかなか分からないからねえ。「自分が、どのくらいの人間であるか」は分からない。

だから、宗教の場合、気をつけなければいけないのは、街頭演説をやったり、集会をやったり、講演会をやったりしてもいいんだけれども、信者がいっぱい来るからね。けっこう、拍手《はくしゅ》してくれるし、盛り上げてくれるし、悪くは言われないからさあ、ものすごい人気があるように感じることがあるんだよ。

ものすごい人気があったり、ものすごく支持してくれているような気がするんだけど、それは、そこに集まっている人だけなんだよな。一般の人は、そうではないのに、そう思い込《こ》む気《け》があるんだよ。これは、あなたがた、みんなに言えることだね。

信者に動員をかけてやったら、それは盛り上がっているように見えるけど、実際の票となったら、入らない。「中と外の落差がすごくある」ということだな。

だから、政策において、一般の人たちが強く支持してくれて、票を入れたくなるような部分も持っていなければいけないし、あと、「信仰《しんこう》のところを取っても、人間的に好感が持てる」という部分かなあ。候補者とか、そういう人たちに、そういう面がないといけない。下馬評《げばひょう》というか、周りの人の評判が、「あの人は、もう、ガチガチの信者で、信者以外は投票しないだろうな」という感じだったら、いくら応援《おうえん》したところで、票は入らないからね。

まあ、その辺について、「客観的に自己分析《ぶんせき》する」というか、「自分を見る」というのは難しいよ。とっても難しい。

残念だけど、宗教を長くやった人は、それができなくなってくる癖《くせ》がある。中と外の温度差が激しすぎるんだな。

今日《きょう》も、全国のあちこちで、あなたがたの同志が活動していると思うので、こう言うのは気の毒だとは思うけど、「集まっている人たちの中心が信者だと、温度差が分からないので、すごく支持を受けているような気がする場合がある」ということだな。

E――　私たちのなかには、「個人の人気で票を集めよう」と考えている方は、おそらく、一人もいません。

勝海舟　いや、候補者に、人気のない人ばかりが集まっているんだよ。

E――　おっしゃるとおりだと思います。

勝海舟　うん。

鳩山が理想家なら、こっちは夢想家だ

E――　しかし、幸福実現党の政策は、日本の将来を……。

勝海舟　だから、政策も駄目《だめ》なんだよ、実は。あまりに奇妙奇天烈《きみょうきてれつ》なことをいつも言うからさあ、みんな、びっくりしてるんだよよ。理由が分からないんだよな。いきなりポーンと結論まで行くから、「なんでだろう」というのが分からないん

だよね。去年の失敗の理由はここだ。
国防関係でも、すごく強硬《きょうこう》な結論が出てくるけど、その前の、理由の部分が分からなくて、びっくりするんです。

E――　しかし、先般、西郷隆盛《さいごうたかもり》先生から、「大衆というのは現世利益《げんせりやく》を求める。宗教に対しても求めるが、政治に対しては、もっと強く現世利益を求める。それが、票取りの政策につながり、政治家が政治屋になっていく源泉でもある」という趣旨《しゅし》のご指摘をいただき、そのとおりだと思いました。
私たち幸福実現党は、既存《きそん》の政党と同じように、「こういう政策を出すと票が集まる」という打ち出し方ではなく、正しい宗教政党として、あくまでも、日本の将来を見据《みす》え、日本全体のことを考え、「この国はどうあるべきか」ということを主張する政党でありたいと考えますし、「そういう政治家が日本に必要である」という信念を貫《つらぬ》いて、戦って……。

勝海舟　うーん。まあ、それは自己弁護だな。

まあ、朝も、鳩山を理想家だと言ってたけれども、あっちが理想家なら、こっちは夢想家だよな。

そうは言っても、政治というのは、具体性があって、現実のものだからね。お任せする以上はだね、自分の代わりにやってもらわなければいけないわけなので、「自分がしてほしいことを代わりにやってくれる人」を選ぶんですよ。

「自分がしてほしいこと」というのは、やはり、山積《さんせき》する現実の問題の処理だし、住みよくなるための施策《しさく》であり実行策だよな。

だから、そういうところにまったく関心がない政党や候補者であったら、「こいつらは、聞く耳を持たないだろう」と思われてしまう。

「中央から出ているものを暗記して、言うてるだけだ。おうむ返しに言っているだけだ」と感じたら、「この人に票を入れても、自分たちの要望は何も通らない」と思ってしまうわな。うん。

現実を調べてフィードバックし、検討する姿勢が必要だ

E――しかし、私たちが掲《かか》げております政策も、例えば、教育政策におきましては、日教組《にっきょうそ》による教育ではなく、「本来のあるべき教育を求めていこう」という……。

勝海舟　だけど、日教組だって、いろいろな人がいるじゃないか。

E――はい。

勝海舟　その辺の分析は、十分にできていないいんじゃないか？　日教組の先生と対話とかして、意見のどこが違《ちが》うか、きちんと引き出して、その上で、やらないといかん。「ザ・リバティ」で、そんな企画《きかく》は出ていないんじゃないか？　なあ。

日教組の先生の主張と、幸福実現党の主張とをぶつけてみて、「何がどう違うのか。どこを反論してくるのか。それに対してどう答えるのか」ということを分析しないといけない。

向こうが、「教育の現場は、こうなので無理です」と言う場合に、「それは本当に無理なのか。では、こうしたら、いけるのではないか」と、こうしたところを詰《つ》めていかないと、やはり、そうは言ったって、政党としては、信頼《しんらい》するに足らないよな。

E――　確かに、そういう面はございます。はい。

勝海舟　ほらね。例えば、会社で、「労働組合はいかん」とか、「日航、JAL《ジャル》が駄目になったのは労働組合のせいだ」とか言っても、ほとんどの社員は、どこかの組合に入っとるんだろうからさ。

みんなが駄目だったら、お客さんは誰《だれ》もいなくなってくるだろうけど、乗ってはいるわけだからさ。経営上、傾《かたむ》いてはいるけれども、みんなが、みんな、駄目なわけではないからねえ。

それは、十把一絡《じっぱひとから》げにしないで、分析をしないといかんだろうなあ。

だから、あんたらに足りないのは、フィードバックの姿勢さ。ちゃんと調べてフィードバックをし、検討する姿勢が足りないんだよ。いわゆる教条主義という奴《やつ》になってるんだよな。

そこんとこが、もう一つ、足りない。

外部の人の意見を聞く耳を持て

日教組は、敵に回すのではなく、むしろ、日教組を切り崩さなければいけないんだよ。

要するに、そこに入っていても、リーダーが引っ張っていこうとしている方針に、本心から従っているわけではない人もいっぱいいるわけであって、そういう人たちを切り崩して、中に取り込まなければいけないんだ。

全部、敵に回してはいけない。向こうは、票をまとめて、自分らに都合のいい政党を応援しようとしてくるから、これに関しては切り崩しが要《い》るんだよ。これをやらなければ、敵を減らせないからね。

あなたがたには、敵を増やす傾向《けいこう》があるんだ。特に、弟子《でし》のほうに、その傾向が強い。とても強く出ている。

弟子には、理由を説明する力がないんで、言われたことをそのままストレートに外に言う癖がある。「どうしてですか」と訊《き》かれたときに、答えられないので、「とにかく、こういうことになっています」ということで押《お》し通す。

それは、内部では通用して、信者は聴《き》いてくれる。支部とかでは、信者は聴いてくれる。しかし、外の人は聴いてくれない。

「これは、どうしてですか」「この場合は、どうするのですか」と訊かれても、答えられない。これが、この宗教団体の特徴だよね。

これが、政治に進出するときに、嫌《いや》がられる理由の一つだ。「聞く耳を持っていない」ということだ。

だから、本部に問い合わせないかぎり答えられないから、訊いてもしかたがない。訊いてもしかたがないから、言うのをやめておこう。そういうところがあるわけだな。

日教組の問題でも同じところがあって、人によって、いろいろな濃淡があるから、味方に付けられる人は、切り崩さなければいけないんだよ。彼らのなかにも、聖なる使命を放棄したことに対して、心苦しく思っている人はいるわけであって、そこのところに火をつけて取り込まなければいけない。みんなをマルキスト（マルクス主義者）にしてしまってはいけないんだよ。本気で信じているわけではない人も、いっぱいいるんでな。

宗教政党の弱いところは、ずばり、そこだよ。あなたがたの伝道力の弱いところと、実際は一緒《いっしょ》なんだ。

組織の中と外とでは、言葉を使い分けること

E――　分かりました。ただ、逆に、宗教政党には、「信仰心に基づく活動の展開ができる」という強みもあると思います。「本来、宗教と政治は一体である」という……。

勝海舟　なんで一体なんだ？　それを説明できるか。

E――　はい。「宗教とは、幸福を求めていくものである」と。一方、「政治も、人々の幸福を求めるものである」と。したがって……。

勝海舟　違うんじゃない？　「幸福にしてくれるもの」なんじゃないの？　求め

ていっちゃいけないよ。してくれるものなんじゃないの？

Ｅ――　幸福を求めて、国民を幸福にする……。

勝海舟　違う。だから、求めちゃいけないんだよ。求めるのは国民であって、政党が求めちゃいけないんだよ。政党は国民を幸福にする義務があるんだ。ね？

幸福を求めているのは国民なんだ。その国民を実際に幸福にするのが政党の仕事なんだよ。あんたがたが、求めちゃいけないんだよ。あんたがたが、幸福を求めたら、いけないんだよ。

Ｅ――　あの、失礼ながら……。

勝海舟　だから、言葉が足りない。

E――　はい。たいへん失礼ではございますが、「自分の幸福を求める」という意味での「幸福を求める」ではなく……。

勝海舟　だけど、やっぱり言葉が足りないよ。その言葉を聞いたら勘違《かんちが》いするな。うん。駄目だな。

あなたは、「宗教とは幸福を求めるものだ」という言い方をしたけど、この言い方も駄目だな。うん。違うな。

「宗教は、人の悩《なや》みを解決するものです。政治は、さらに、それを具体的に現実化するものです」と、こういう感じで、論理性を持って説得しないといかんと思うな。抽象性《ちゅうしょうせい》が高すぎたら、聞いても分からんのだよ、言っていることが。

あなたがたは、そういう用語をすごく多用する。宗教をやっていると、抽象用語を多用して、中でしか通じない言葉を、外の人にそのまま使ってしまう。これが浮《う》いてくる原因で、中だけでしか話が通じなくなることが多いんだな。うん。もう、今のあなたの言葉を聞いただけで、票がそうとう逃《に》げていくのがよく分かる。目に見えるようだよ。サーッと潮が引くように票が逃げていく。あなたの街宣を聞いたら、サーッと票が逃げていくのを感じる。潮が引いたあとはハマグリがパクパクしている感じで、信者だけが残っている。

ごめんねえ。悪いねえ。だけど、僕《ぼく》には見えるんだよ。

E――　分かりました。

勝海舟　うん。

政治では、自分たちの考えを押《お》し付けるだけでは駄目《だめ》

Ｅ――　まあ、そういうかたちで、宗教と政治が真《しん》に一体になったときに、宗教政党としての私たちの強みが……。

勝海舟　いやあ、一体にならなくていいんだよ。一体になるのは、内部の話さ。外部への話では、一体じゃなくていいんだよ。

そこが、「駄目《だめ》だ」と言ってるところなんだよ。一体になるのは、中の話なんだよ。これは内部の密議なんだよ。分かるか？　中で、そうやって相談しているんだよ。

外に向かって、「宗教と政治は一体だ」と言ったら、「一体だ」と思っていない人は、みんな逃げるんだよ。どうして、それが分からないの？

E——　しかし、宗教政党は世の中に必要であると……。

勝海舟　なんで必要なんだよ。

E——　やはり、既存の政党が、利害というものに流されていくなかで……。

勝海舟　宗教だって利害があるだろう?　あんたがたは、信者を増やしたくて、政治活動をやっとるんじゃないのか?

E——　そうでは、ございません。

勝海舟　そんなこと言ったって誰も信じていないよ。

E――　「信じていただけるかどうか」は分かりませんが、私としては、信念をしっかりと堅持《けんじ》し、貫いていきたいと思います。

「行動面でまだ十分ではない」と言われたら、そのとおりですけれども、やはり、体現をしていく……。

勝海舟　はい。だいたい分かりました。

ええ、あなたがたが活動すればするほど、票が減っているんです。言葉が通じていない。演説を聞いている国民のほうの気持ちが分からない。彼らの希望が分からない。ただ押《お》し付けている。うん。まあ、これが、票が入らない原因です。だから、票を集めたかったら、逆をやらなきゃ駄目ですね。二宮尊徳《にのみやそんとく》先生じゃないけど、「たらいの水は、手前に引いたら向こうに逃げる。向こうに押したら手前に戻《もど》ってくる」、これと一緒だ。

自分らの教団の拡張になるようなことをやったら票は逃げていく。そちらのほうは考えないで、ただただ、彼らの希望やニーズ、あるいは、助けてほしいところを、丁寧《ていねい》に聴いてあげていたら票は集まってくる。だけど、一生懸命《いっしょうけんめい》、自分たちの考えを押し付けようとすればするほど、票は逃げていく。これが勝てない理由だ。うん。

だから、あんたが頑張《がんば》れば頑張るほど、票が減っていく。つらいねえ。

弟子《でし》は、教祖さまの説法の魅力《みりょく》を十分に分かっていない

E――　ですが、やはり、「正しいことは正しい」と主張する政党が、今の日本には必要だと思います。ただ、今ご指摘いただいたとおり、主張の仕方、もしくは、聞く耳の問題は、十分、踏《ふ》まえておかなければならないと思います。

勝海舟　あんた、前は松下電器（現パナソニック）にいたんだろうけどさ、幸之《こうの》助《すけ》さんは広報・宣伝に専念していたようなところがあるよな。

幸之助人気、幸之助信仰をもって、営業力に変えていく力があったな。営業員たちに、信仰心に似たセールストークを教えて、代理店から顧客《こきゃく》までを信者にしていくようなことを狙《ねら》っていたと思うんだよな。

ただ、こちらは〝本家〟の宗教だから、本当は、もっともっと感化力がなければならないのに、教祖さまの教えを間接的に伝えていく弟子《でし》の営業力が……、まあ営業力と言ってはいけないかもしれないけども、説得力が低いためにだなあ、逆に客が逃げていくんだよな。うーん。

だから、あなたが元いた会社では、洗濯機《せんたくき》を売れたかもしれないけど、信者になって職員になったら、もう洗濯機は売れないよ。

残念だけど、もう、完全にずれてるから。向こうが気になってるのは、「この洗濯機だと、どのくらいの時間で、どのくらいの電気コストで、どの程度、汚《よご》れが落ちるか」ということだけど、あなたがたは、「この洗濯機を買えば、世の中が明るく照らされて、みな幸福になるんです」という感じのセールストークをしてるんですよ。だから、それを聞いても、買わないいんですよ。

きつい言葉を言ってるけど、残念だが、逆回転してるね。それは、ある意味では、勉強が生半可《なまはんか》なんだと思うな。本当に勉強していたら、そんなふうにならないよ。

だから、宗教としても生半可だと思うな。あなたがたは、教祖さまの説法を聴いてるんだろうけどさ、本当は分かっちゃいないんだよ。教祖さまの説法の、いったい、どこが、人の心をつかんでいるのか、実は分かっていないんだよ。

説法の要約だとか、要点だとか、そんなレジュメをもらって、それを一生懸命〝放送〟しているだけで、実は、「心をつかんでいる肝心《かんじん》なところが何なのか」ということを見落としている。これは、日頃《ひごろ》の仕事で〝培《つちか》われた〟低い能力だよ。

うん。

そこを、ずっと、ノーチェックでやってきているので、あなたがたは、レベルの低い仕事を無理に押し付けることに、すごく慣れているんですよ。

一般社会の人は、それだと聞かないんですよ。信者だけを相手にずっとやってきているので、一般の社会では、「それは、おかしいですよ」「そんなことを言われても、信じられませんよ」とか十分に言ってきそうな内容を、押し付けることに慣れすぎている。

だから、政治活動に転化したときに、力が出ないんですよ。自ら、その力を殺してるんだ。これが分からないほど、頭が固いんだよ。

それは、世情《せじょう》に、ものすごく疎《うと》いからだ。中の戒律《かいりつ》ばかり守って、中の方針ばかり聴いて、中央の指示ばかり聴いているから、実は、共産党なんかと、あんまり変わらないんだよ。〝教条政党〟なんだ。だから、宗教政党は嫌われるんだよ、教条的なので。

教祖さまの説法なり講演なりで、本当に人の心をつかんでるところは、実は、あなたがたが、要約してメモで流してるところとは違うんだよ。だけど、それを見落としている。完全に見落としていて、違うところを、要約したようなところばかりを、あなたがたは、一生懸命、発信しているんだ。その辺を完全に勘違いしている。だから、教学としても駄目なんだよ。

それが、支部長を支部に送っても、その支部の信者が何倍にも増えない理由なんだよ、実を言うとね。みな、我慢《がまん》して所属している。信者であれば、そうなるけれども、一般の人は、そこまで我慢してはくれないんだよ。

あんたがたの教学、駄目だね。偽物《にせもの》だな。人を本当に幸福にするだけの力が、教学のなかにないんだよ。うん。

残念だなあ。修行がマイナスに働いてるよ。宗教政党、要らないなあ、話を聴いてると。人間を不幸にしそうな気がしてくるよ、聴いているとね。

まず、国民の困っていることを解決してあげることだ

いいかい？　素直な心でな、「相手が困っていることは何なのか」ということを聴いてあげることが大事なんだよ。「こちらが何を教条主義的に思っているか」というようなことは二の次なんだ。

まずは素直な心で、「相手は、本当に、何をどうしてほしいのか」ということを聴き、それを解決してやることは、別に悪いことでも何でもない。

それを、「利益誘導《ゆうどう》だ」「利害だ」とかいう漢語で片付けてしまうけど、それは、

マスコミ用語であってね、マスコミによる洗脳であって、現実の国民は違うんだよ。実際に自分たちのためにやってくれた、政治家の恩義は忘れないんだ。だから、新潟《にいがた》三区で立候補した田中角栄《たなかかくえい》がだなあ、とっ捕《つか》まって裁判を長くやられてもだね、選挙に立候補したら、何回やってもトップ当選したんだろ？

それで、新聞のほうは、「そんな非国民みたいな政治家がトップ当選するとは、新潟の民度は低い」と書いて、責めるんだけど、なぜか、いつも当選する。

なんでかって？　雪国でだなあ、実際にみんなが困っているときに、山をくり貫《ぬ》いてトンネルを通し、雪の日でも車が通れるようにしてくれた。そんな力ある政治家に対して、「自分たちの日ごろの生活や商売が、どれほど便利になったか」という、恩を忘れていないからだ。

本当は、彼らのほうが、真っ当なんだ。机上《きじょう》の空論を言ってるのは、マスコミのほうだ。マスコミは、「利害でやるのは、けしからん」と言って批判するけど、それは、机上の空論なんだよな。

逆に言うと、マスコミは、取材費も払わずに無料で取材し、書きまくって儲《もう》けているけれども、本当のことを言えば、取材費を払わなきゃいけないのかもしれないよね。自分らは、そういう〝便宜《べんぎ》〟は受けてるわけだ。うん。

だから、一般の国民は、ある政治家が、新聞でいくら批判されたとしても、「その政治家が、自分たちのために実際にやってくれた」と肌身《はだみ》で感じている恩義については忘れないんだよ。

それを愚民視《ぐみんし》するほうが本当はおかしいのであって、「利益誘導だ」とか「利害だ」とか言うけれども、言葉だけで遊んではいけないと思うよ。「もう少し、具体的なところをマメにこなしていける才能がなければ、政治家としての才能は低い」と言わざるをえないな。うん。

E――　分かりました。ご指導ありがとうございました。

自分を飾《かざ》らず、本来の自分で行け

勝海舟　あんた党役員だろう？

E――　はい。

勝海舟　あんたが、次の選挙の……、敗北と言ってはいけないのか、まあ、勝利する可能性もないわけではないから、勝利か敗北の責任を負うんだろうから……。

とにかく、聞いてたら、何か面白《おもしろ》くないよなあ、あんたの言い方は。面白くない。面白くない。全然、面白くない。だから、支持者が増えない。もう少し面白うないといかんなあ、それ。

あんたインテリじゃないんだからさあ、あきらめろよ、あきらめろよ。なあ。あきらめろよ、インテリの格好するの。インテリのふりするのがいけないんだよ。しょせん、電器屋じゃないか。電器屋は、電気製品を売ったり、家の中に入ってそれを取り付けたり、まあサービスすることが、仕事じゃないか。なあ。インテリなんか要らないんだよ、もともとね。

あんた、インテリのふりをしてるからいけない。この教団はインテリが多いからさあ、そういう、ふりをしたくなる気持ちは分かるけどさ、あきらめろよ。な？

松下電器ではエリートでも、ここではエリートじゃないんだよ。君なんか普通《ふつう》の人なんだよ。普通の人なんだから、もう少し庶民的《しょみんてき》な味を出していきなさい。絶対にインテリではないから、これ以上、インテリを目指したって、無駄な抵抗《ていこう》だよ。うん。

ここには、インテリはいるよ。だけど、インテリの言ってることは、もっと分からないから（会場笑）。

おたくの元先生の松下幸之助さん、この前、言ってたじゃないか。「君の言っていることが分からないけど、簡単に言ったら、どういうことだい？」とか、質問者に訊いてただろ？　松下幸之助が聞いて分からないようなら、一般の人はもっと分からないんだよ（『松下幸之助 日本を叱る』参照）。

分かる？　分かる？　そういうこったよ。

だから、インテリのふりするのはやめろよ。な？　もう少し庶民的にやんなさいよ。そうしたら、もうちょっと、票が出るから。

インテリのふり、やめような。

E――　はい。本来の自分に戻って、やります。

勝海舟　うんうん。そう、本来の自分で行きなさい。もう、洗濯機を売っとると思いなさい。

E――　ありがとうございました。

勝海舟　それで、だいぶ票が増えるから。

２　優秀《ゆうしゅう》な女性たちに対するアドバイス

F――　国際本部の○○と申します。本日はありがとうございます。

勝海舟　うん。

F――　午前中のお話のなかで、「侍《さむらい》」という言葉が出てきたのですが、私《わたくし》からは、女性のあり方について、お伺《うかが》いしたいと思います。

勝海舟　ああ、厳しいなあ。うーん。

F――　女性には、ある意味で、独特の潔《いさぎよ》さや芯《しん》の強さがあるかと思います。

勝海舟　ああ、そうかい。

F――　また、現代は、女性の生き方が多様化しているとも言われます。「男性を支える」ということも、女性の一つの役割であり、大切な面かと思いますが、勝先生からご覧になって……。

勝海舟　あんた、なんか苦しんでるねえ。

F――　はい？

勝海舟　すごく苦しんでるねえ。いや、苦しい……。ああ、あんたには、教えが合っていないね（会場笑）。うん。教えが合っていない。ああ、ちょっと、あんたには、あんた用の教えを説いてもらわないと駄目《だめ》だ。大川先生が、一般《いっぱん》女性に説いている教えを、あんたに言ったって、通じないんだ。あんたには、あんた用の特別メニューを組んでもらわないと駄目だな（会場笑）。

だから、「私にとっての女性論を、個人的に教えてください」と訊《き》かないといけないな。一般女性に説いた教えを、そのまま、あなたが実践《じっせん》しようとしたって、まあ、無駄な抵抗《ていこう》だよ。それは、きっと駄目だよ。

さっきの人の逆だね。あんたは反対のタイプなんだ。今度は、正反対で、抽象《ちゅうしょう》的《てき》言語しか理解できない女性だ。

一般女性は、抽象的言語は理解できないんだよ。一般の人は、手で触《さわ》って、目で見て、感性で感じられるもの以外は分からないんだ。

けれども、あんたは、そうじゃなくて、抽象的な言語のほうがよく分かって、具体的なことを言われると、「えっ、それ何?」とか言うほうになる。それが、あなただよな?

まあ、女性もいろいろあるから、教えるほうも大変なんだろうと思うけどな。

で、何が訊きたかったんだ?

F――　なんて言えばいいんでしょうか……。私は、少し考え方が変というか、思考回路が一般的な女性とは違《ちが》うと思いますが……。

勝海舟　ああ、全然違う(会場笑)。

Ｆ――　ただ、一般的な女性を念頭において、質問させていただきたいと思います。

幸福の科学では、数多くの女性が、全国、全世界で活躍《かつやく》しておりますが、そうした女性たちが、幸福実現党を支えていくに当たってのアドバイスをいただければと思います。よろしくお願いいたします。

私は、幸福の科学の婦人部をこう見ている

勝海舟　うーん。なんだか話が逆になってきたから、ややこしくなってきたねえ。ここは女性のほうが賢《かしこ》いのかい？

まあ、そうだねえ、わしらの時代には、賢い女性というのは数が少なかったんでねえ。女性はそもそも学問をそんなにやらなかったからねえ。だから、あなた

がたは〝新人種〟だよな。

今は、「〝新人種〟の女性たちを、どう扱《あつか》うか」という、文明実験中だよな。「男性は賢い女性に支配されたほうが幸福であるのか」、あるいは、「やはり抵抗を試みるべきか。打ち返すべく、さらなる努力をすべきか」、まあ、こういうことを、時代的には文明実験中だよな。それは難しい問題だ。

まあ、「教団の婦人部はどうか」って？　人によって差があるから、何とも言えないけども、先ほど言った、教条的な傾向《けいこう》というのかな、「思い込《こ》んだら、そのとおりに動く」「言われたとおりに、全部、動く」というスタイルは、だいたい、似てるんじゃないかな。私には、そんなふうに思える。

信仰心《しんこうしん》が熱心に固まってくればくるほど、信仰歴が長ければ長いほど、冗談《じょうだん》が通じなくなってくる。冗談を言ってもまったく通じなくなり、全部、本気にするようになってくるので、まあ、その辺が難しいところだね。

その辺が、やはり、会話が通じない〝人種〟が育ってくる原因ではあるんだね。選挙活動でも何でもいいんだが、実際に活動している婦人部のリーダーたちは、要するに、中の言葉しか通じなくなっていることが、ほとんどであるのでね。「私たちは、世のため人のためにやっていて、利害のためにやっていないんですよ」みたいなことを、口ではいくら言っても、外からは、「教団の伝道活動をやっとるとしか見えない」というのが現実だな。

だから、そちらの活動でも、票をそうとう取り逃《に》がしていると思えるね。普段《ふだん》、「本部から訊かれたことについて、一生懸命《いっしょうけんめい》、数字を報告する」ということを仕事にしているので、そのノリでずうっとやってるんだと思うな。

宗教的説得をして、もっと人の心を揺《ゆ》さぶることが大事

それは、もともと、あれだと思うんだよ。伝道部門の長《ちょう》を、歴代、ノルマ型の

人がだいたいやってきて、数字だけ集めてくる〝数字即信仰《そく》〟みたいなものが、伝統として残っているんだろうと思うんだよな。

でも、それは、会社でやっている業務の仕方なんだよ。会社では、〝兵隊さん〟を管理して営業実績をあげるために、ただただ叱《しか》り、「数字をあげてこい！」と言ってやらせるけど、そのやり方を、そのまま、受け入れてやったんだ。ある意味では、宗教性の非常に低い人たちが伝道部門の長をやってきたんだな。

そして、そのラインのなかに支部が全部入ってしまったために、ほとんどの信者は、そこから逃《のが》れられないことになってしまった。「宗教性の低い〝会社の営業部門〟の中に全部入れられてしまった」というのが真相だな。

もっと宗教的な言葉でもって、宗教的に理解・納得させてほしかったところを、そうではなくて、「数値が達成していませんので、こうです、ああです」というような話ばかりを、二十年、ずっと続けられてきているんだよ。

「宗教のほうは、先生の説法がありますから、そっちを聴《き》いてください。私たちは〝会社〟をやっていますので」という分離《ぶんり》が長らくあったと思うんだな。だから、職員として中にいる人が、転職したつもりでいて、実際は、出家して宗教家になっていないんだよ。それが、大きな問題だと思うんだな。

そういう人たちが、長らく、何代も何代も指導しているので、いくら、「心の問題だ」と言ったり、「人に親切にしよう」と言ったりしても、結局、「最終的に数字が出なかったら、バッテンだ」というのは、もう、はっきりしている。それを達成するためだけにやっている。

結局、原点としては、婦人部の動かし方が、保険の外交員の動かし方になっている。それが、宗教的に広がらない理由だとわしは思うな。

保険の外交員の場合は、それについていける人もいるけども、ついていけない人もいるよ。自主的に考えたり、自由なものの考え方をしたりするようなタイプの人は、とてもつらいですよ。

実際のところ、インテリはいられないんだよ。この流れのなかに入《はい》れない。自分で考えて、新しいものをつくり出すような人はいられないんですよ。そういうシステムが強固に出来上《できあ》がっている。

それは、実は、出家した人のなかで、ほかの部門で使うことができない人たちが、伝道部門に集まったからなんだね。宗教性が低い人たちは、〝営業部門〟でノルマをかけてやらせる以外に使い道がないので、そこに集結させてしまったんだね。

教団の支部は全部つながっているので、この教団は、そういうノルマ型教団だと理解されていて、要するに、「数字として結果が出ないかぎりは、宗教活動にはなっていない」と、まあ、そういう判定になってるわけだ。

その数字も、どちらかと言うと、お金のほうに集約されていく傾向がある。

そういうものがあってもいいけれども、それは、あくまでも、内部分析《ぶんせき》の問題だ。

兵糧《ひょうろう》部隊は、「今、幕府には金《きん》が何両ぐらい残っとるか。米が何俵《なんびょう》あるか」ということを、当然、緻密《ちみつ》に計算しなければいけないけども、そんなことは外に向かって言うようなことではないんだな。

担当の人は、財政をきっちりつかんどく必要はあって、「継戦《けいせん》能力は、あと、どのくらいあるか」とかを計算する必要があるけれども、みんなに、それを訓練するというのは、間違ってるな。

だから、弱点は、ある意味で、宗教性が低いことだよ。

兵士のように、命令を受けて、ただ動くことだけが、信仰ではなくて、信仰というのは、個人が、直接に神なり仏なりにつながっているなかで、「自分自身の心を深める。精神を高める」という修行をすることが大事なんだ。

そうじゃなくて、組織の論理だけでピシッと動く、指揮・命令だけで全部が動くスタイルをつくると、組織に合わない人や、組織が嫌《きら》いな人が離れていく。そういう現象が、過去、何度も現実には起きているはずだよ。うん。現実に起きているはずだね。この辺が厳しいところかなあ。

さらに、総合本部が、先ほど言ったような抽象概念《がいねん》の要約みたいなものを一生懸命に流してくるので、あまり宗教にならないんだよな。宗教じゃなくて、情報の伝達を一生懸命しているんだな。情報の伝達ばかりやってる感じかなあ。だから、宗教になっていないんだよ。相手の心を揺さぶって、信仰心を高めていかなきゃいけないのに、職員はほとんど、パソコンばかりいじってるんだよな。これじゃあ、宗教としては成り立たないですな。やっぱり、大部分の人は〝会社〟をやってるね。残念だけどね。

宗教のなかにいる人が、「人の心を燃え立たせたり、震《ふる》わせたりする」ということを知らないのは、やはり、感化力が低いと言わざるをえない。まあ、それは、教育した上司が悪いんだけどね。「自分たちができないので、会社仕事をそのまま持ち込んできた」ということなんだ。うん。

頭の良い女性は参謀《さんぼう》部門が向いている

この宗教においては、あなたみたいなタイプの女性が居場所を見つけるのは、非常に難しいと思うよ。現実に難しい。

一般的には、頭のところを、すり潰《つぶ》しにくるはずだ。すりこぎでゴキゴキとやって、〝ばか〟にしてしまわないと、命令どおりに動く、ノルマ達成の営業員にすることができないもの。

抽象的に考えるようなタイプの人は、その頭をすり潰さなくてはいけなくなってくるから、その辺が難しいところだな。

人によって向き不向きがある。

だから、あんたみたいなタイプの人が、生きていける道は、基本的には参謀的《さんぼうてき》な部門しかないと思う。

それは、どのような組織でも必要だから、参謀部門的なところだな。そういうところで生きるしかない。ある程度、「ほかの女性たちと種類が違う」とは思わなければいけないね。

教えを、自分の言葉で分かりやすく翻訳《ほんやく》せよ

ただ、営業部隊になっている人たちも、要するに、説得力が足りていないのは、やはり、「ハートフル」と言うかなあ、そういう真心がこもった言葉で相手を包んでいくような、宗教的な伝道の仕方がまだ十分ではないと思うな。

ある意味で、現代的といえば現代的なんだけど、機械や人工的なものに頼《たよ》りす

ぎる傾向があまりにも強いですね。

それに、何ていうか、伝道の〝武器〟として、活字やCDやテレビとか、たくさんあるけど、そういうものに頼って、個人としての説得能力が低い傾向が、まあ、とても強いですね。

そういうもので、日頃《ひごろ》、勉強すること自体は、「悪い」とは言わないけど、たまには、それを、一つ、こう横に置いておいて、「さて、日頃、教わってきたことを、一度、何も見ないで、自分の言葉で、自分の考えで言い直すとしたら、どうなるかな」、あるいは、「田舎《いなか》のおじさん、おばさんに説明するとしたら、どう説明するかな」という、目を持たなきゃ駄目なんですよ。

本部から言ってきてるようなことを、そのまま言ったって、どうせ、伝わらないんだから。

「一度、何も見ないで、自分の言葉で分かりやすく翻訳《ほんやく》したら、いったい、どうなるのかなあ」と。これができれば、宗教として、もう一段、広がりを持つことができるようになるな。

ここには、学校の勉強ができる人が非常に多いんだけどね。学校の勉強のスタイルをそのまま持ち込んでいるので、それだったら、教団はあんまり大きくならないんですよ、自分たちが勉強したいんだから。

だけど、勉強したい人は、そんなに多くないんだよ。そうでない人たちを導くためには、やっぱり、もっと、くだけた言葉で説明ができなきゃいけない。

さっきの人にも言ったけど、「じゃあ、長靴《ながぐつ》を履《は》いて、田植えをしているおじさんをつかまえて、この教団が言っている、抽象度の高い教えを話して通じるか」と言ったら、なかなか、それは通じんよ。うん、実際、通じるものじゃないよ。

その辺の使い分けができなきゃいけないよね。

さっきの話で言えば、ここの教祖さまは、その使い分けをするんだよ。二種類の言葉を使い分けるんですよ。

抽象的な言葉、抽象概念と、あと、人の心を動かすほうの、心をつかみにかかってくる感動的な部分と、両方の言葉を使い分けているんです。両方から攻《せ》めてくるんですよ。

だけど、弟子《でし》のほうは、そうなっていない。ここが問題なんだ。

教祖さまは、相手の顔を見て、違うことを言いますからね。「相手が、どの程度、理解し、認識できるか」「相手の心に響《ひび》くかどうか」を見て、違うことを言いますね。この辺が、弟子ができないところだと思うんだな。

だから、うーん、あなたに対しては、さっきの人と逆のことを私は言わないといけないいんだけど……。

まあ、あなたがやれるとしたら、今度は、逆に、「インテリ女性に対して、どういうかたちで真理を理解してもらうか」ということをやったほうが、むしろ、いいかもしれないね。

自分を〝ばか〟にするほうに努力するよりは、あなたは、インテリ女性たちに、「信仰」というものを理解してもらうためには、どうしたらよいかを考えて、「信仰を持つことによって、自分は、どのように、霊的《れいてき》に、精神的に高まったか」ということを、やはり、説明できるようにならなきゃいけない。

（Eに向かって）あんたと正反対になって悪いなあ（会場笑）。「あんたは普通の人間になってくれ」と私は言ったんだ。ごめんな。

（Fに向かって）「あんたは普通の人間になるな」と私は言ってるんだ。「普通の女性になったら駄目だ」と言っている。普通の女性になったら、戦力としては、すごく落ちるから、ならんほうがいい。

インテリ女性たちに、やはり、伝道できなければいけない。あなたのような人は、インテリ女性たちに、インテリの言葉で、信仰のあるべき姿を説けなければ、存在意義がないよね。うん。そういうふうに思う。

質問が抽象的だからねえ。もう少し具体的に訊きたかったら、答えてあげるよ。

3　憲法改正の議論をどう盛り上げるか

F――　ありがとうございます。もう一点、今度は、「憲法」に関して、お伺《うかが》いしたいと思います。

現在、世の中では、憲法改正論議が、だんだん下火になってきています。幸福実現党は、大川総裁の憲法試案（『新・日本国憲法試案』〔幸福の科学出版刊〕参照）をもとに、憲法改正を訴《うった》えていこうとしていますが、一般《いっぱん》の方には、なかなか受け入れにくいところもあるかと思います。

この憲法試案を、多くの方に理解していただき、憲法改正の議論を盛り上げていくに当たって、アドバイスをいただければと思います。

一般《いっぱん》の人には、「具体的にどうするか」を説明すること

勝海舟　いやあ、あれはねえ、理解してもらう必要はないんだよ（笑）。学者やマスコミ、文化人などの一部の人たちが、理解すればいいんだよ。「幸福実現党の政策を専門的に研究して理解したい」という、そうした知識人用の本なんだ。

そういう人たちは、日本には、一万人ぐらいしかいない。日本を動かしている知識人層というのは、一万人ぐらいなんだよ。

だから、一万人ぐらいが理解してくれれば、用は終わってるんだよ。

だからあとは、内容は構わないのさ。目に見えるかたちで、具体的な活動をしていけばいいわけであって、「憲法のここを、ああする、こうする」ということじゃなく、「結局、何をどうするのか」ということを言えばいいわけだね。

「何を、どうするのか」ということを言えばいい。それが、一般《いっぱん》の人向けの言葉だね。

本に書いてあるようなことは、いわゆる言論人や知識人たちに理解させるためのものであり、ある意味では、教団が武装するための道具であって、それを、そのまま、一般の人に呑《の》み込《こ》ませる必要は全然ない。

例えば、「日本は、北朝鮮《きたちょうせん》からミサイルを撃《う》ち込《こ》まれたら、どうしますか」と訊《き》かれて、それに答えれば、別に憲法論議をしなくても構わないわけだよ。「うちは、そのときには、こうします」ということを答えればいいわけだね。

だから、「正当防衛の範囲《はんい》で反撃《はんげき》します」と。これで、もう十分だ。「正当防衛」というのが分からなかったら、「向こうが攻撃《こうげき》してくるんでしたら、こちらも、きちんと守ります。防衛します」と、まあ、こういうふうに言えば済むことだね。

「『ミサイルを撃《う》たれても、たとえ焼け野原になっても、ただただ、じっとしておりますというわけではございません』と言えば、それで済むことだ。憲法改正論議そのものは、専門家のほうで議論し、国会で煮詰《につ》めないかぎりは、具体化しないことだからね。

一般向けには、やっぱり、「具体的には、何がどうなるのか」という話をすればいいと思うね。

ただ、一万人ぐらいの知識人層に関しては、ある程度、かっちりとしたところまで理論武装が必要なんだ。テレビ人だろうが、新聞人だろうが、言論人・評論家だろうが、読むべき人は読んでるので、「そういう人たちが納得するかどうか」ということが大事なんだ。

そりゃ、百万部のベストセラーにはならないかもしれないけれども、まあ、五万部も売れれば十分で、「一万人ぐらいの知識人層にカチンと当たっておれば、使命は果たしている」と思っていいと思うなあ。
そんなもんだと思うね。そういう人たちに、ちゃんと読んでもらえば、いいと。
あとは、具体的な行動のほうで説明をしていくことが大事だと思うね。

政治では、結論を先に言うことは、必ずしも「正しい」とは限らない

F――　勝先生がご覧になって、憲法試案の内容に関して、このあたりは攻撃されそうだと思われるところはございますか。

勝海舟　攻撃されるところ？

F――　憲法の内容で……。

勝海舟　ああ、憲法の内容？

F――　はい。内容に関してです。

勝海舟　うーん。中国との取り引きを拡大していきたいと思っている財界等は、そらあ、あんまり、向こうの神経を逆撫《さかな》でしてほしくないだろうねえ。

現地に工場《こうじょう》があったり、現地の人を使って生産したり、取り引きしたり、駐在《ちゅうざい》事務所があったり、貿易がかなり大きくなってるところあたりは、そらあ、逆撫でしてほしくはないよね。

例えば、「首相が靖国《やすくに》神社に参拝するか、しないか」なんていうことで、よく揉《も》めてるけどさ。そんなんだけで、商売が全部、逆風になったりするんじゃや、たまったもんでないからねえ。

「わざわざ歩いていかなくていいから、首相官邸《かんてい》のなかから拝んでください」って言いたくなるところは、やっぱり、あると思うよ。

これはまあ、経済の原理だよな。政治の原理とは違《ちが》う、経済の原理として、そういうところがあるよな。

だから、民主党政権ができたのは、財界の中国シフトが大きいとは思うよ。「中国との貿易を拡大させ、経済をなんとか立て直したい」という思いが強かったからな。

まあ、そういう意味で、憲法論議等で、敵視政策というか、タカ派的な色彩《しきさい》を強く出しすぎたら、財界系からの支持が得られなくなっていく。「財界の支持が得られない」というムードは、結局、マスコミのほうにも反映するし、サラリーマンたちにも反映してくるので、「幸福実現党が政権を取ったら、商売あがったりになるかもね」というような感じになっていく。

それでも、「正しいものは正しい」と言い続けるのもけっこうだけど、まあ、「商売のほうも、きちんと、してもらわないと困る。商売あがったりになると困る」と、まあ、こういうことになるわなあ。

政治には、そういう微妙《びみょう》な駆《か》け引《ひ》きがあるんでねえ。

ただ、まあ、私は思うんだけど、午前中も話をしたんだが、アメリカと戦争する〝ばか〟もいないとは思うけどね、中国みたいな大きくなった国と戦争する〝ばか〟も、やっぱり、いちゃいけないと思うよ。だから戦争しないでいいように、努力はしなきゃいけないと思うなあ。

だから、最初から、戦争するような言い方をしちゃいけないと思うな。

それは、非常に損なやり方だと思うね。正直かもしらんけども、上に「ばか」が付くな。

去年のあたりでも、「超《ちょう》タカ派的発言が簡潔に述べられすぎていたかな」と、私なんかは思いますねえ。

宗教が完全にバックアップしている政党が、「敵地先制爆撃《ばくげき》」というようなことを強くクローズアップしたら、そりゃもう一般の人には、極右の団体にしか見えないもんねえ。ウルトラ右翼《うよく》の政党というように見えれば、いわゆる浮動層《ふどうそう》はついてこなくなるわなあ。

言い方は、いろいろあるんだけどね。

まあ、頭のいい人は、結論を先に言いたがる癖《くせ》があるんだけど、それは、必ずしも「正しい」とは言えないんだよ。

日米安保が堅持《けんじ》されていれば、中国と仲良くなっても構わない

「中国の人とも仲良くしましょうね。友好の輪を広げていきましょう。そして、経済のほうで仲良くなったら、次は、政治的にも文化的にも交流できるようにな

っていきましょうね。日本の文化が向こうにも入って、中国の文化が日本にも入って、交互《こうご》に交流できるようになり、仲良くなり、お友達になっていけるようになりましょうね。ただ、将来、どんな人が出てこないとも限らないので、そういうときに、きちんと自衛できる範囲内の用心はしておきましょうね」と、物事を言う順序を逆にすれば、中道《ちゅうどう》勢力のあたりまでターゲットに入ってくるわけだな。得票圏《とくひょうけん》に入ってくる。

だけど、最後の結論を前に出してきたら、全部、サーッと引いていくわね。「戦前の国家神道《こっかしんとう》をさらに強固にするんだな」「戦争に負けたのが悔《くや》しいから、もう一回、戦うんだな」と、こう、みな理解するので、それは怖《こわ》いよ。

さらに、「政教一致《いっち》」「祭政一致」「宗教政党は堂々と戦います」と言ったら、もう、それは、国家神道を超《こ》えて、〝ウルトラ国家神道〟をつくると宣言しているのと一緒《いっしょ》ですから、マスコミの支持を受けるはずもなく、中国など近隣《きんりん》の国からも支持を受けるわけもないので、まずは非難囂々《ひなんごうごう》だろうね。

非難を受けて有名になれたら……、まあ、それは、一つの有名になるやり方だけれども、票にはならないわね。これは、やっぱり、物事の説明の順序、説得の仕方の問題だね。

そりゃあ中国が、軍事費をガンガン増やして、潜水艦《せんすいかん》や空母をつくっとるのを見れば、やろうとしてることぐらい、もう、見え見えだよ。そんなの分かってるよ。

分かっているけど、向こうに聞いたら、「侵略《しんりゃく》目的でやっている」なんて、絶対、口が裂《さ》けても言うわけないよ。「あくまでも防衛のためです」と言うはずなので、日本が急に武装して、「侵略に備えるぞ！　先制攻撃も辞《じ》さないぞ！」と言ったら、向こうは、もっとやりはじめる。それでは逆に、あちらに口実を与《あた》えることにも、なりかねないよね。

だから、先ほど言ったことに戻《もど》るけれども、アメリカと外交関係を緊密《きんみつ》に保っておれば、別に何もしなくても、経済に専心することができたわけだからね。それでも良かったんだけども、鳩山《はとやま》さんは、今、わざわざ外交関係を壊《こわ》しに入っているので、それで〝難しい世界〟に行こうとしているわけだね。

本当は、日米安保の堅持《けんじ》のところだけを言っとけば、「中国と仲良くする」と言ったって、別に構わないんだよ。日米安保だけ押《お》さえとけばいいんだよ。「これを捨てて、中国と結べ」と言われたら、これは二者択一《たくいつ》なので、中国がやった〝アレ〟と一緒だよね。

「中国と台湾《たいわん》と、国連に同時加盟は許さない。中国の本体が入る以上、そっちは出ろ」というようなことを、あそこは、やる国だけど、まあ、そういうことをやらせないようにすれば、いいだけのことだ。

上手な言い方をしないと。言い方が下手なような気がするね。去年なんかも、ストレートではあったけど、下手だったね。とっても下手だったんじゃないかねえ。

自分たちで減らした票も、かなりあるような気はするねえ。

だから、ある意味で、落ちるつもりで立候補したようにしか見えないところがあったね。

政治家は、いろいろな層の人に配慮《はいりょ》すべき

この次は、もう少し、通るつもりで立候補して、活動しないといけないかもしれないね。中国と友人になれば、喧嘩《けんか》する必要なんか全然ないんだからね。そういうことだよ。

いつも拳銃《けんじゅう》をぶら下げて歩かなきゃいけない理由はないんでね。

やっぱり、政治家というのは、そういうもので、建前《たてまえ》上は、「日中友好促進《そくしん》」

と言っておりながら、もし、軍事的なものを進めるのであれば、「いかなる災害が起きるかもしれないし、いろいろなことが起きるかもしれないので、不測の事態に備えて、やるべきことはやっとかなければいけない」とか言えばいいんであってね、その辺は、ちゃんと言葉を選ばなければいけないと思うね。

まあ、「ザ・リバティ」あたりも、正直すぎて、そろそろ「ばか」が付くレベルまで来ているかもしれないね。あそこまで正直な雑誌は、あまりないかもしれない。影響力《えいきょうりょく》が大きくなったら、そうは言っても、いろいろなところへの配慮《はいりょ》をしながら行かないといけない。

新聞だって部数が多くなったら、はっきりと書けないことはいっぱいあるからね。いろいろなところに配慮しながらやっていて、万一《まんいつ》のときには、「いや、ここにも、こう書いてあるでしょ？」と言えるように、配慮したあとを、ちゃんと残してるよね。

いろいろな層の人がいて、いろいろな反応があるということを理解できていないと、政治家としての資質は、やっぱり、低いと言わざるをえないと思うねえ。まあ、結論が一緒でも、途中《とちゅう》が違えば、印象はそうとう違うんだよ。その辺は気をつけないといけないいね。

この単純思考は、けっこう危ないかもね。「外交面の備えをせよ」と言っていることが、逆に、危機を呼び込まないように気をつけないといけないと思うし、天皇制のところも、あんまり言い過ぎると、もう、内憂外患《ないゆうがいかん》になるだろうねえ。海外からは敵を呼び込み、国内でも敵を呼び込み、「友達のいない世界」に入っていくことになるからねえ。

天皇制は、今、多少問題があるから、週刊誌もいろいろと扱《あつか》っているんだろうけれども、たまには社交辞令ぐらい使わないと、まずいんじゃあないかねえ。

「天皇制の果たしてきた歴史的役割は評価する」というようなことも、きちんと一言、言えないようでは、大人ではないだろうねえ。うん。重要な意味合いがあったというところは、きちんと理解してやらないと。

あなたがたは、右翼でも左翼でもないのはいいけれども、まったく否定するような感じで言ったら、どうも友達が減っていくような気がして、しかたがないねえ。

まあ、でも、憲法試案を読んでいる人は、あんまりいないから、気にしなくていい。

あとは、政党のほうの、外で、わあわあ言っている奴《やつ》の内容だけは、ちょっとチェックをしないといけないとは思うけどね。

マニフェストに書いたものは、いろいろと追及《ついきゅう》はよくされるようだから、その辺は上手に詰めないといけないかもしれないね。

F——　どうもありがとうございました。

勝海舟　ああ。

4　中国とは、どう付き合うべきか

G――　本日は、奇《く》しくも、勝海舟先生の誕生日に当たります。そのような日に、こうして、さまざまなご教示をいただき、ありがとうございます。

勝海舟　君、もの知りだねえ。

G――　いえいえ。

勝海舟　驚《おどろ》いたよ。

G――今朝《けさ》、ちょうど、テレビで、そういう話が出ておりました。一八二三年の三月十二日でございます。

勝海舟　ああ、そうかあ。君はもの知りだねえ。

G――いえいえ。とんでもございません。

私《わたくし》は、先ほど勝先生より、「正直すぎて『ばか』が付く」とご指摘《してき》いただきました月刊「ザ・リバティ」の編集長をしている者です。

本日、勝先生の誕生日ということもあり、私《わたくし》からは、勝先生が地上に生きておられたときのことに因《ちな》んで、質問させていただきます。

勝海舟　おお。

G――　今、世界平和を実現していくに当たり、大きな問題の一つとして、「中国の軍事拡張」の問題があると思います。

勝先生の代表的な業績の一つに、「江戸城《えどじょう》無血開城」がございますが、〝北京《ペキン》の無血開城策〟のようなものがございましたら、お教えいただきたいと思います。

中国から見たら、日本は「眠《ねむ》れる毒マムシ」みたいな国

勝海舟　まあ、日本から言やあ、中国の問題だけどね、中国から言えば、「日本問題」なんだよ。向こうは、日本さえなければ、世の中とっても平和なんだよ。

この日本という国は、小さい割には、何をするか、本当に分からない国なんだよ。この小ささで、なんで、こんなに発展して、戦争をしたら強かったりするの

か。まこと不思議なことだよね。

「今、中国が空母をつくっている」とか言うて、「ザ・リバティ」も責めておるけど、日本だって、あなた、今から、もう七十年も前に、空母部隊をつくって、アメリカと戦ったんだろう? 中国はそれを認識してるよ。

「おたくは、七十年も前に、アメリカと空母決戦をやっているのに、何十年か遅《おく》れで、中国が空母をつくったぐらいで、何を言ってるんですか。つくる気になったら、おたくだって、すぐつくれるでしょうが」と、そらあ、向こうは、当然、思っとるよなあ。

だから、あっちから見りゃ、日本問題なんだよ。

日本が、〝ウルトラ右翼《うよく》〟に本当に支配されるとなったら、武器を、もっともっと、いっぱい、つくらないと危険になってくるのは、あっちだよなあ。「日本が、本気で武装し始めたら、勝てないんじゃないか」って、みんな言ってるよ。

もし日本に勝てるんだったら、みんな、秋葉原《あきはばら》に行って、買い物をして帰らないよ。「ハイテクで本当に戦ってこられたら、負けるんじゃないか」と恐《おそ》れているよ。日本は、けっこう怖《こわ》がられている国なんだ。

アメリカには負けたかもしれないけれども、イギリスにも、フランスにも勝ってるし、その前の第一次大戦では、ドイツにも勝っている。ヨーロッパの国には、どこにも負けていないね。

日本が負けたのは、唯一《ゆいいつ》、アメリカだけで、それも、四年近く戦いをやって、最後に敗れている。原爆《げんばく》を落とされるまで戦いをやめなかった国でしょう？　これは怖い国なんだよ。

中国から見たら、すごく怖い国で、あちらは「眠《ねむ》れる獅子《しし》」かもしらんけど、こちらは「眠れる毒マムシ」みたいな国なんだな。

ガラガラ蛇《へび》が目覚めて尻尾《しっぽ》を立てたら、それなりに怖い。今、幸福実現党という〝尻尾〟がグニャグニャ動き始めたので、ちょっと、要警戒《ようけいかい》ではあるんだよなあ。

幸福の科学も、それを少し薄《うす》めなきゃいけないので、中国人に好かれるあなたを編集長に置いているんだろうと思うけどなあ（会場笑）。まあ、でも、幸福の科学の影響力《えいきょうりょく》の大きさから見ると、やはり、言論にも、バランスが必要な時代に入ったかもしれないね。

〝北京の無血開城〟は可能か？

で、〝北京の無血開城〟ということだったね？

無理です。はい。もう無理です。あの規模では無血開城なんて不可能です。絶対にできません。人類の力では北京の無血開城はできません。アメリカでもできません。

米軍が、イラクとアフガンで、あれだけ苦しんでるのを見たら、「中国を占領《せんりょう》しようとするのに、いったい、どれだけの軍隊が必要か」は、考えたら分かる。戦争には勝てるだろうけど、米軍全部を使っても、あそこを支配することは不可能だ。一般人《いっぱんじん》に徴集《ちょうしゅう》をかけて、ものすごい数の軍隊を駐屯《ちゅうとん》させないかぎり、無理だね。中国各地で暴動を起こされて、民間人にまぎれて軍人が攻撃《こうげき》してきたら、たまったもんじゃないよ。

イラクで起きたようなテロの山を、中国でやられてごらんなさいよ。アメリカ人は、中国語なんか、ほとんど使わないので、会話を聞いても、「何を相談しているか」が分からないからね。だから、ゲリラ戦に持ち込《こ》まれたら、勝ち目がないのは分かっている。

近代戦なら勝てるけど、ゲリラ戦なら勝てない。近代戦で勝つ場合には、大量殺戮《さつりく》以外に、もう方法はない。かつて、東京を火の海にしたり、広島《ひろしま》・長崎《ながさき》に原爆を落としたことについての反省はないけれども、ただ、「もう一回、同じことができるか」と言ったら、それは、できないよ。「北京を火の海に変える」とか、「南京《ナンキン》に原爆を落とす」とか、それは、できないよね。

北京の無血開城は、アメリカでもできないことなので、日本には到底《とうてい》できない。

日中双方《そうほう》の利益になる方向で、自国の国益を伸《の》ばせ

うーん。だから、やれることは……。

まあ、交渉《こうしょう》なので、お互《たが》いに、「要望することと、譲《ゆず》ることの両方を考えながら、双方《そうほう》の利益になる方向で、自分のところの国益を伸《の》ばしていく」、基本的には、これしかないと思うね。

「一方的に害を受けるような関係にはならないように、しなくてはいけない」ということだね。

でも、これは非常に難しい。中国は交渉上手な国だ。とても交渉上手で、歴史がある。

ある意味では、歴史が浅いアメリカを小ばかにしているところがある。中国のような、古い歴史があり、幾多《いくた》の戦略・戦術を生み出した大国から見たら、アメリカは、ついこの前にできた国だからね。

中国は、そう思っているし、最終的には、人口の多さが、やっぱり、ものを言うだろうね。

中国人が一人殺されても、中国は痛くも痒《かゆ》くもないけど、アメリカ人が一人殺されたら、アメリカは、百人殺されたぐらいの痛みがある。そのくらい、人間の価値が高いんでしょ？　そういう意味では、「人間の価値が高い分、攻撃には弱い」ということでもあるわな。

例えば、米軍が来て、中国人を五十人ぐらい、さらっていったところで、そのくらい平気で我慢《がまん》できると思うんだよ。それで戦争になったりしないよ。

しかし、アメリカの場合は、中国人が来て、アメリカ人を五十人さらっていったら、そらあ戦争をするよ。アメリカは、そういう国だよねえ。

だから、中国とアメリカは違《ちが》うんだよ。中国は遙《はる》かに大人《たいじん》の国だよな。ゆったりと構えて、太極拳《たいきょくけん》のようにゆっくりとした動きをしてくるわな。

強力なパトロンであるアメリカとのよりを戻《もど》したほうがよい

北京無血開城なんて不可能だ。うん。

だから、日本は、「どうやって、国として存立し続けるか」という方向に生き筋を見つけなければいけない。

今、一つの論点としては、「アメリカという強力なパートナーを失うかどうか」っていうことがあるわけだね。

そりゃ、仲は悪くなったけど、もみ手《で》をして謝《あやま》って、もう一回、よりを戻《もど》せるなら、戻しといたほうが安上がりですよ、どう見ても。

「米軍は沖縄《おきなわ》から出ていけ」「米軍がいたら、とにかく悪いことばかりする」といったことを当然のように言ってたら、そのしっぺ返しは大きいよ。

米軍だって、完全に管理はできていないから、変な人は出てくるけれども、それは、日本人だって、「百人に三人は犯罪人になる」と言われてるのと同じだ。米兵だって万の単位でいたら、悪いことをする人は出てくる。それは向こうだって分かってるよ。

それについては、一個一個、個別に処理して、謝らせるなり、補償《ほしょう》するなり、それは、あってしかるべきだろう。

でも、聖人君子が来ているわけではないんだから、「ちょっとした事件を、針小棒大に捉《とら》えて報道し、国民を煽《あお》る」っていうのは、気をつけないと、国を危機に陥《おとしい》れる可能性があると私は思うね。

やっぱり、強力なパトロンがあるうちは安全なので、アメリカとのよりを戻しておくことが大事だよね。

中国とは〝大人の関係〟で付き合うべき

それから、二番目には、やっぱり、中国との友好的な関係を模索《もさく》していくということだな。

少なくとも、経済関係だけでも、中国と完全に断交したら、日本も困るだろうが。

で、日本が中国と完全に経済断交してしまったあと、アメリカは、どうするか? アメリカだって、中国との貿易量はものすごく多いんだから、日本が中国と完全に敵対関係になったら、アメリカだって、「日本と、どう付き合ったらよいか」が非常に苦しくなる。

だから、順位を付けなきゃいけないね。「長男（アメリカ）のほうを大事にしますけれども、次男（中国）とも、そこそこ付き合います」というようにしなければいけないと思うね。

あと、中国の民主化を何とか進めたいとは思うけれども、たぶん、これは、アメリカも考えてることだろう。民主運動家を育てることは、ＣＩＡ的な動きで必ずやることだね。内部から民主運動が起きるような上手な扇動《せんどう》を、いろいろなところに仕掛《しか》けていると思う。当然やっているはずだ。

アメリカは、そういうことをしながら、ちゃんと、貿易をしたり、米国債《べいこくさい》を買わせたりしている。これが、〝大人の関係〟なんだよ。

けども、アメリカは、「中国が一方的に台湾《たいわん》を占領するようなことは許さない」とも言っている。まあ、そんなとこだよな。そういうことを、いろいろやるのが、

〝大人の関係〟だからね。

結論は、北京の無血開城はできない。できないと思われる。現時点ではできない。

直接戦争ではなく、米中の代理戦争の勃発《ぼっぱつ》をむしろ懸念《けねん》せよ

G――　それをしようとしたら、逆に、流れる血があまりにも多すぎるので、「日米関係をしっかりと保ちつつ、そして、中国の内側からの民主化を助けるような方向で」という……。

勝海舟　あんたねえ、ワシントンの無血開城だってできないよ、そう簡単には。まあ、それと同じで、国連加盟国、全部がかかったって、北京の無血開城なんて、できはしない。

中国の最後の強さは、あの毛沢東《もうたくとう》が西へ西へと逃《に》げてね、奥地《おくち》に逃げてゲリラ戦にもっていったように、奥へ引きずり込むところにある。

かつて、ロシアが、ドイツに攻《せ》められても、ナポレオンに攻められても、戦略的退却《たいきゃく》をしながら、とにかく、みな奥に引きずり込み、冬将軍の到来を待って反撃に出、敵を壊滅《かいめつ》させていったけれども、中国もそれができるんだよ。

奥に引きずり込んでしまうのがうまいんだ。そして、奥へ引きずり込まれたら、完全に泥沼《どろぬま》に入るので、アメリカには勝ち目がなくなっていく。

でも、いちばん懸念されることは、「直接戦争」ではなく、「代理戦争」なんだよ。「米中の代理戦争が起きるかどうか」ってことを、やっぱり懸念しなければいけないね。

例えば、ベトナム戦争は、米ソ（中）の代理戦争だったよね。同じように、自分たちが両方とも傷付かないように、朝鮮《ちょうせん》半島とかで、米中の代理戦争が起きる可能性があるわな。

日本があまりに軽率だったら、逆に、そういうことを起こしてしまうことも、まあ、ないとは言えないね。

南北朝鮮《なんぼくちょうせん》が平和裡《へいわり》に統一された暁《あかつき》には、日本は恩を売るべし

確かに、北朝鮮《きたちょうせん》も危険とは思うけど、実際上、食糧難《しょくりょうなん》で餓死《がし》してる人が続出しているよな。それで、今、中国にならって、経済開放特区みたいなものをつくろうとしてるんだろ？　まあ、中国にだいぶ説得されているんだろうと思うけどね。

あの国は、外資とかを入れはじめたら急速に変わる。まずは、そういう特区でもつくって外資をいっぱい入れ、産業の振興《しんこう》を図りはじめたら、あの国は、戦争しなくても、経済の面から変えていくことは可能だ。人一人死なずに国を変えることは可能なので、なるべく、そういうかたちで国を変えていったほうがいい。

そして、韓国《かんこく》のほうとは、適当な段階で、統一するだろうと思われる。武力統一じゃないかたちで統一されることを望みたいが、そのときに、日本は、ちゃんと貸しをつくることが大事だと思うんだな。

南北朝鮮が統一するときに、貸しをつくることが大事。要するに、統一したときに、彼らは、いろんなことで困るようになる。特に、経済的な面で、さまざまなニーズが生まれてくるので、そのときに、やはり、「恩を売るべし」ということだ。「徹底的《てっていてき》に恩を売っておき、友好関係を築き上げることが大事だ」ということだね。

まあ、今の日本の政治状況《じょうきょう》を見るかぎり、憲法改正をして、核武装《かくぶそう》をし、そして、中国を震《ふる》え上がらせてだね、「日本にはとても勝てないから、もう降参しよう」というようなところまで持っていくのは、現時点では無理だ。

そうしようとしたら、今度はアメリカが止めに入ってくると思う。「〝大人〟同士でやっているから、あんまり危ないことはしないでくれ」と、たぶん言ってくるはずだね。

だから、できたら、もう一つ、別の手段を使ったほうがいいと思うね。

残念だけど、今の日本には、中国と戦争をして、相手を降参させるだけの力は、もう、ないね。それよりは、国家としての独立を維持《いじ》しながら、協調・発展できる道を選んだほうが、基本的には、いいと思うよ。

5　なぜ、勝海舟は暗殺されなかったのか

G――　中国との付き合い方について、具体的に教えていただき、ありがとうございました。

さて、もう一点、質問させていただきます。

勝先生は、「生涯《しょうがい》で、二十数回、刺客《しかく》に狙《ねら》われた」とのことですが、剣《けん》の達人であるにもかかわらず、常に丸腰《まるごし》で対応されたと伺《うかが》っております。

そして、幕末名場面の一つとして、「龍馬《りょうま》さんが、勝先生を斬《き》りに来たときに、言葉でもって暗殺を防ぎ、しかも、その場で弟子《でし》にしてしまった」ということがあると思います。

勝先生には、「言葉で切り返す力」というものがあったと思いますし、実際、本日の二回にわたる霊言《れいげん》においても、そのことを非常に強く感じております。言葉の力は、政治活動、宗教活動、その他《た》あらゆる活動において、たいへん重要であると思います。ぜひ、言葉の力の練り方、鍛《きた》え方等をご教示ください。

言葉の力は「禅《ぜん》」と「剣《けん》」の修行による鍛練《たんれん》の賜物《たまもの》

勝海舟　やあ、それは、まさしくだねえ、君、宗教の鍛練《たんれん》なんだよ。私は禅《ぜん》だけどね。私は禅をやったけれども、やっぱり「禅」と「剣《けん》」だよな。

それは、禅と剣の修行で鍛練したもので、「一定の肉体的な負荷に耐《た》えて訓練をする」ということと、「精神統一の修養を積む」ということが、不動心を生み、交渉力《こうしょうりょく》を生み、そして、忍耐力《にんたいりょく》をつくるということだな。

テレビで、わんわん、やってるマスコミみたいにだね、いつもいつも言論戦をやっているわけじゃないからな。

私は、「今は、その時ではない」「時に利あらず」と思ったら、十年、我慢《がまん》できる人間なんだよ。「十年間、自分を練りながら、我慢する。その時が来るのを待つ」と。

世の中の流れって変わるんだよ。例えば、去年、民主党の支持率が七十パーセントもあったのが、今、急に凋落《ちょうらく》しているように、一年もたたずして変わってくる。そのように、十年ぐらい、じいっとチャンスが来るのを待っていれば、「世相が変わらない」ってことはありえないんだ。

だから、幸福実現党が、「政治をやりたい」と言うんであれば、じっくりと、胆力《たんりょく》をつけ、忍耐力をつけ、着々と戦力を身につけていくことだ。そうすれば、チャンスが巡《めぐ》ってくる時があるだろうと思うよ。

ただ、あまりにも急ぎすぎると、玉砕《ぎょくさい》する可能性は強い。ま、その辺は、宗教にしてはだね、まだ胆力の練り方が足りないような気がするなあ。

うーん、どちらかというと、三カ月ごとに決算が出る、アメリカの会社みたいな宗教に見えなくはないな。

もっと粘《ねば》り強さが必要なんじゃないかなあ。粘りがちょっと足りないように思うな。速さはあるんだけどね。速さはあるけど、粘りが足りないなあ。

坂本龍馬《さかもとりょうま》と千葉重太郎《ちばじゅうたろう》は私を暗殺するために来た

あと、暗殺されそうで、暗殺されない理由かい？

G――　一部の歴史家のなかには、「もともと、龍馬《りょうま》さんは、暗殺のために行ったわけではない」と言っている人もおります。

しかし、私は、やはり、勝先生が、気合《きあい》と言葉でもって説得をされたと思っているのですが、その辺については……。

勝海舟　そらあ、あんた、今、テレビでやっとるんだろうと思うけど、まあ、千葉道場の事実上の跡取《あとと》りと、その師範代《しはんだい》がだなあ、二人、刀を下げてやってきてだな、その考えが読めないほどの、ばかはいないよな。

そりゃ、一転語だったと思うよ、基本的に。千葉重太郎《ちばじゅうたろう》と坂本龍馬が来たけども、そら一瞬《いっしゅん》で、「暗殺しに来ただろう」というのは、もう、殺気で分かっちゃうさ。

だけど、彼らは、玄関口《げんかんぐち》で刀を外そうとしたよ、とりあえず、礼儀《れいぎ》としてね。でも、私はね、「いや、君、刀を外しちゃいけないよ。何が起きるか分かんないから、ちゃんと腰に差してなきゃいけない」って言ったのさ。

G――　ああ、そうでしたか。

勝海舟　それで毒気《どっけ》が抜《ぬ》けてしまって、斬れなくなったんだよ。それが、あなたが言う「言葉の力」なら、「言葉の力」だよな。

だから、私は、言外《げんがい》に、「暗殺に来たんだろ？」って言ったわけさ。

「暗殺に来たのは分かってるんだよ。ちゃんと腰に刀を差しとかないと斬れねえぜ。俺《おれ》を斬るんだったら、腰にちゃんと差しとけよ。刀を外したんじゃ、刀を取ってから、もう一回、抜かなきゃいけねえから、大変だ。差しといたほうが早いぜ。俺だって免許皆伝《めんきょかいでん》だ。なめちゃいけねえよ。何か仕掛けがあるか分かんねえぞ。何《なん》も持っていないように見えるかもしんないけど、パッと飛び上がったら、長押《なげし》から槍《やり》でも出てきて、パスッとやられたら、どうするんだい。何があるか分かんねえから、刀を身から離《はな》さないようにしたほうがいいよ」って、俺は勧《すす》めたのさ。

そしたら、毒気を抜かれてしまって、降参したのさ。まあ、これが言論戦なんだよ、ある意味でな。

まあ、龍馬は、ああいう人だから、「核武装《かくぶそう》をしろ」とか、言いたい放題言ってたみたいだけども（『龍馬降臨』〔幸福の科学出版刊〕参照）、北京《ペキン》を無血開城したかったら、反対なんだよ。

北京を無血開城したかったら、「わたしゃ、もう、北京が好きで好きでしかたないんです。北京ダックを食べずに一週間も過ごせないんです」って言いまくったらいいんだよ（会場笑）。

「幸福の科学の信者は、中華料理《ちゅうかりょうり》が大好きです。信者たちが中華料理のチェーン店に行って、お店が賑《にぎ》わって繁盛《はんじょう》しとります」と言ってやりゃいいのさ。そしたら、ウェルカム波動で招待状が来るよ。〝無血開城〟だよ。

だから、「ストレートにものを言えばいい」ってもんじゃなくてね、相手の機《き》根《こん》に合わせた言葉を使わなきゃいけないよ。

言葉の力もあるが、相手の性格やパターンを読めるかどうかだ

千葉重太郎と坂本龍馬の両方から斬りかかってこられたら、俺だって、なます
になっちゃうぜ、そりゃ。普通《ふつう》、本気で来られたらなあ、なますになっちゃうけ
どね。

ただ、こっちのほうは、刀を持たずに出たのは事実だ。向こうが剣豪《けんごう》で、刀を
持っていて、二対一だったら、まあ、普通、勝ち目はないわな。

だけど、こちらは刀を持たずに出て、向こうが、礼儀上、刀を外そうとした
奴《やつ》を、「外しちゃいけないよ。ちゃんと腰に付けてなさい」と言ったもんだから、
毒気を抜かれた。それで、まず、一撃目《いちげきめ》は向こうの「負け」なんだよ、言論戦と

してはな。

で、刀を付けたまま、上に上げさせた。そして、入ってきたら、「いつでも斬っていいぞ」と言いながら、地球儀を指して世界情勢について語り始めたよ。いつでも斬れるように背中を見せながら、世界情勢について語ったんだ。

これまた、剣豪としては斬れないスタイルだよなあ。相手が向かってきたら斬れるけど、「背中を向けてる相手を斬る」っていうのは、剣豪はできないんだよなあ。ヤクザとかなら、後ろからブスッと刺すのは可能だけど、天下の千葉道場にとっては、「背中を斬りつける」っちゅうのは、情けなくて、かっこ悪くて、できないだろ？　人間には面子《メンツ》ってのがあってなあ、それを逆利用するのさ。

結局、言葉の力というよりは、相手の人間の性格やパターンを見抜き、「この人は、こういうふうに言やあ、こうなる。こういうふうに動けば、こうする」と、こういうことが読めるかどうかだな。

幕府の要職にありながら、警護を付けなかった理由

剣をわざと外そうとした奴を、「外さずに、ちゃんと持ってなさい。何が起きるか分かんないから」って言われたら、「中に誰《だれ》かいるかもしれない。護衛が密《ひそ》かに潜《ひそ》んでいて、押入《おしい》れの中から飛び出し、斬ってくるかもしれない」と思うじゃないか。

だから、〝親切〟に、「刀を離さないようにしなさい」と言ったわけだよ。

当時、私は、幕府の要職にあったわけだから。実力的には、もうナンバーワンに近かった。うん。実際上、幕府の全権を任されていたようなもんだけどな。

わしゃ、井伊大老《いいたいろう》がね、剣の達人にあれだけ鉄壁《てっぺき》の警護をされてたのに、水戸《みと》の浪士《ろうし》たちに登城するところを狙われて、斬られたのを見て、思ったんだよ。

「井伊の赤備《あかぞな》え」って、勇猛果敢《ゆうもうかかん》で有名なところだからね、親分を放り出して、

逃《に》げたりはしないよ。井伊家の連中も戦って斬られたんだよ。

暗殺の噂《うわさ》はもう飛び交《か》っていたからさあ。いつ暗殺されるか、分からないので、毎日、用心をしていたよ。今で言やあ、ＳＰ《エスピー》がいっぱい付いているような状況《じょうきょう》だ。ＳＰがゾロゾロ付いているなかを、堂々と襲《おそ》ってきたんだよなあ。

ただ、それだけ警備をしててもだね、攻《せ》めるほうが本当に死ぬ気で突撃《とつげき》してきたら、防げるもんじゃない。やっぱり防げるもんじゃないんだよ。そらあ、護《まも》るほうは不意打ちには弱いからね。そこまでして、井伊を護らないかん理由も、やっぱり薄《うす》いからな。

井伊大老自身は、免許皆伝の腕前《うでまえ》だったと聞いている。そうとうな達人だったと思うよ。槍なんか、そうとうまかったんじゃないかな。そういう人が、剣豪に囲まれて護衛されてても、二十人ぐらいだったか、はっきりは覚えとらんけど、雪の日なんかに襲われて、あっという間にやられてしまった。

わしも、幕府の要職にいたから、いろいろな人が、「危険すぎるので、腕《うで》っ節《ぷし》の強い者を、五、六人は警護に立てたい」と、今で言うSPだね、「勝安房守《かつあわのかみ》のところに、五、六人ぐらいはSPを付けたい」と何度も何度も言ってきたよ。

だけど、わしは言ったんだ。

「五人や六人いたって、やられるときは、やられるさ。向こうが、何十人かで来たら、もう、それで終わりだ。二十人ぐらいで攻め込《こ》んでこられたら、防げるもんじゃないよ。特に、夜なんか、寝《ね》ずに起きていられるわけないだろう？　交代で寝てるから、寝起きで目をこすってるときに斬られてしまう。結局、大勢、死ぬことになる。もう、死なすのは惜《お》しい。警護を付けてくれたら、その人たちは、死ぬから、付けないほうがいいよ。俺一人が死んだら、死ぬのは一人で済むから、まあ安上がりだ」と。

そういうことで、警備は、一切《いっさい》、付けなかったんだよ。

だから、襲い放題だ。首相官邸《かんてい》で警備がいない感じかな。「あとは女性だけがいる」っていう感じだったので、正統派の剣豪は、ある意味で、「逆に、斬りにくかった」ということだな。

わしを襲いに来る奴は、腕の立つ奴しかいないさ。

腕の立たない奴なんか、最初から「駄目《だめ》だ」と思うから、来ない。腕の立つのしか、来ないんだ。そして、腕の立つ剣豪になってくると、こちらが、素手《すで》だとか、背中を見せたりとか、女性に応対させたりとかしたら、もう、みな、どうしたらいいか分からないのさ。

まあ、連中は、荒《あら》くれ男が出てきたら、バシ、バシ、バシッと斬って、一気に攻め込んでくる。殺気を感じたら、殺気を出してくるけどな。

まあ、そういう状態ではあったかな。

龍馬に会った瞬間《しゅんかん》、「魂《たましい》のつながり」を感じたのは事実

ただ、「一瞬《いっしゅん》で、だいたい、人物を見抜いた」というところはあるな。

それは、「龍馬という人間の人物を見抜いた」ということでもあったし、ある意味では、わしも勘《かん》が鋭《するど》かったから、魂的《たましいてき》に非常につながった者であることぐらいは、一目、見ただけで、感じとしては、お互い分かったな。ま、当時は人物論が流行《はや》ってたからな。

そういうことで、「わしが挑発《ちょうはつ》して、国賊《こくぞく》呼ばわりするようなことや、彼らが斬りたくなるようなことを、あまり言わないで、穏《おだ》やかに話しとれば、だいたい静められる」と思ったな。

それ以外にも、いっぱい来たけどさ。手捕《てど》りにしたのも、だいぶ、いるな。剣を使わずに素手でねじ伏《ふ》せたのは、いっぱいいる。今で言やあ、「柔術《じゅうじゅつ》」か

な。一種の柔術だけど、「手捕りにする」っていう、一種の逮捕術《たいほじゅつ》みたいなもんだな。

向こうは、素手だと思って油断してるんだろうけども、けっこう素手で捕《つか》まえたね。相手が刀を持っていても、家んなかで、そんなに刀は使えないんだよ。だから、相手の動きを先に読んで、手と足を封《ふう》じたらいいのさ。相手は、気がついたら、後ろに手をねじられて、刀を落としているよ。そのように手捕りにして、庭に投げ捨てたのは、だいぶ、いるね。

それは、やっぱり鍛練だな。「禅の修行による精神鍛練」と「剣術の鍛練」。ただ、わしは、そんな大男でもなかったからね。西郷は大男だけどさ。わしは、今で言やあ、どうだい、女の子としても小さいぐらいじゃないかな。身長で言やあ、百五十センチあるなしぐらいだ。目方《めかた》も幾《いく》らだったか忘れたけれども、そんなにはないだろうと思うよ。小男《こおとこ》だよ。

その小男が、西郷と張り合ったり、いろいろしたんだから、まあ、今で言う「気《き》」だな。「気の術」はかなり持っていたということだな。「気」だね。「気」を持っていたということだね。

だから、まあ、「相手の殺気と動きを読む」ということだよ。

現代でも、剣道の達人だったら、相手が打ってくる太刀筋《たちすじ》が読めちゃうから、足さばきだけで、自然に全部よけちゃうよな。まあ、何年かの間、その程度までは剣術修行をやったということさ。

あと、やっぱり「霊感」はあるわな。まあ、そういうところが真相だ。

まあ、あんたがたも、あんまり強がってばかりいないで、たまには毒気を抜く術も必要かな。うーん。そんな感じはするねえ。

G――　今日《きょう》は、精神的鍛練の大切さを教えていただき、本当にありがとうございました。

勝海舟　ああ、はい、はい、どうも。

あとがき

読後感としては、ある種のディベート術の達人、天才という言葉が胸に浮かぶ。スキだらけに見えて全くスキがないのだ。脱線しているように見えて実は脱線していないのだ。

確か、外交評論家の岡崎久彦さんが何かの本で、「勝海舟は、明治以来、最もＩＱの高い日本人」と評していたように記憶《きおく》しているが、そうかもしれないと思う。

しかし、宗教家である私は、「孤高《ここう》の人」という印象、そして、少し「悲劇の哀《かな》しみにも似た暗示」を抱《いだ》いてしまうのだ。頭の良すぎる人間の持つ悲しみが、ひしひしと伝わってくるのだ。

私自身はもう少し愚直《ぐちょく》に、王道《おうどう》をひたすらに歩んでいきたいと考えている。「本音《ほんね》で中央突破」するのが、私の生き方だと信じている。

二〇一〇年　四月

幸福実現党創立者《こうふくじつげんとうそうりつしゃ》　大川隆法《おおかわりゅうほう》

『勝海舟の一刀両断!』大川隆法著作関連書籍

『創造の法』（幸福の科学出版刊）
『新・日本国憲法 試案』（同右）
『坂本龍馬・勝海舟の霊言』（同右）
『松下幸之助 日本を叱る』（同右）
『龍馬降臨』（同右）
『一喝! 吉田松陰の霊言』（同右）
『西郷隆盛 日本人への警告』（同右）

勝海舟《かつかいしゅう》の一刀両断《いっとうりょうだん》！　──霊言問答・リーダー論から外交戦略まで──

2010年5月10日　初版第1刷

著　者　大《おお》川《かわ》隆《りゅう》法《ほう》

発行所　幸福の科学出版株式会社
〒142-0041 東京都品川区戸越1丁目6番7号
TEL(03)6384-3777
http://www.irhpress.co.jp/
印刷・製本　株式会社 堀内印刷所

ISBN978-4-86395-036-8 C0030

大川隆法ベストセラーズ・霊言シリーズ

西郷隆盛
日本人への警告

この国の未来を憂う

西郷隆盛の憂国の情、英雄待望への激励が胸を打つ。日本を襲う経済・国防上の危機を明示し、この国を救う気概を問う。

1,200円

一喝!
吉田松陰の霊言

21世紀の志士たちへ

明治維新の原動力となった情熱、気迫、激誠の姿がここに! 指導者の心構えを説くとともに、現政権を一喝する。

1,200円

龍馬降臨

幸福実現党・応援団長 龍馬が語る「日本再生ビジョン」

坂本龍馬の180分ロングインタビュー(霊言)を公開で緊急収録! 国難を救い、日本を再生させるための戦略を熱く語る。

1,300円

松下幸之助
日本を叱る

天上界からの緊急メッセージ

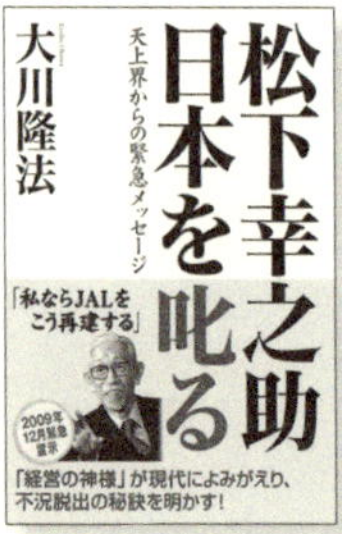

天上界の松下幸之助が語る「日本再生の秘策」。国難によって沈みゆく現代日本を、政治、経済、経営面から救う待望の書。

1,300円

※表示価格は本体価格(税別)です。

大川隆法最新刊・神秘の扉を開く

世界紛争の真実
ミカエルvs.ムハンマド

米国（キリスト教）を援護するミカエルと、イスラム教開祖ムハンマドの霊言が、両文明衝突の真相を明かす。人類の対立を乗り越えるための必読の書。

1,400円

エクソシスト入門
実録・悪魔との対話

悪霊を撃退するための心構えが説かれた悪魔祓《ばら》い入門書。宗教がなぜ必要なのか、その答えがここにある。

1,400円

「宇宙の法」入門
宇宙人とＵＦＯの真実

あの世で、宇宙にかかわる仕事をされている６人の霊人が語る、驚愕の事実。宇宙人の真実の姿、そして、宇宙から見た「地球の使命」が明かされる。

1,200円

※表示価格は本体価格（税別）です。

大川隆法 最新刊・希望の未来を創造する

危機に立つ日本

国難打破から未来創造へ

1,400円

2009年「政権交代」が及ぼす国難の正体と、現政権の根本にある思想的な誤りを克明に描き出す。未来のための警鐘を鳴らし、希望への道筋を掲げた一書。

第1章　国難選挙と逆転思考
第2章　危機の中の経営
第3章　危機に立つ日本
第4章　日本沈没を防ぐために
第5章　世を照らす光となれ

創造の法

常識を破壊し、新時代を拓く

1,800円

斬新なアイデアを得る秘訣、究極のインスピレーション獲得法など、仕事や人生の付加価値を高める実践法が満載。業績不振、不況など難局を打開するヒントがここに。

第1章　創造的に生きよう
第2章　アイデアと仕事について
第3章　クリエイティブに生きる
第4章　インスピレーションと自助努力
第5章　新文明の潮流は止まらない

幸福の科学出版

あなたに幸福を、地球にユートピアを——
宗教法人「幸福の科学」は、
この世とあの世を貫く幸福を目指しています。

幸福の科学は、仏法真理《ぶっぽうしんり》に基づいて、まず自分自身が幸福になり、その幸福を、家庭に、地域に、国家に、そして世界に広げていくために創られた宗教です。

「愛とは与えるものである」「苦難・困難は魂を磨く砥石《といし》である」といった真理を知るだけでも、悩みや苦しみを解決する糸口がつかめ、幸福への一歩を踏み出すことができるでしょう。

この仏法真理を説かれている方が、大川隆法総裁です。かつてインドに釈尊《しゃくそん》として、ギリシャにヘルメスとして生まれ、人類を導かれてきた存在、主エル・カンターレが、現代の日本に下生《げしょう》され、救世の法を説かれているのです。

主を信じる人は、どなたでも幸福の科学に入会することができます。あなたも幸福の科学に集い、本当の幸福を見つけてみませんか。

幸福の科学の活動

●全国および海外各地の精舎《しょうじゃ》、支部・拠点などで、大川隆法総裁の御法話拝聴会、祈願や研修などを開催しています。

●精舎は、日常の喧騒《けんそう》を離れた「聖なる空間」です。心を深く見つめることで、疲れた心身をリフレッシュすることができます。

●支部・拠点は「心の広場」です。さまざまな世代や職業の方が集まり、心の交流を行いながら、仏法真理を学んでいます。

幸福の科学入会のご案内

◇精舎、支部・拠点・布教所にて、入会式にのぞみます。入会された方には、経典《きょうてん》「入会版『正心法語《しょうしんほうご》』」が授与されます。

◇仏弟子としてさらに信仰を深めたい方は、三帰誓願式《さんきせいがんしき》を受けることができます。三帰誓願式とは、仏・法・僧の三宝《さんぼう》への帰依《きえ》を誓う儀式です。

◇お申し込み方法等は、最寄りの精舎、支部・拠点・布教所、または左記までお問い合わせください。

幸福の科学サービスセンター
TEL 03-5793-1727
受付時間　火～金：一〇時～二〇時　土・日：一〇時～一八時

大川隆法総裁の法話が掲載された、幸福の科学の小冊子（毎月1回発行）

月刊「幸福の科学」
幸福の科学の
教えと活動がわかる
総合情報誌

「ザ・伝道」
涙と感動の
幸福体験談

「ヘルメス・エンゼルズ」
親子で読んで
いっしょに成長する
心の教育誌

「ヤング・ブッダ」
学生・青年向け
ほんとうの自分
探究マガジン

幸福の科学の精舎、支部・拠点に用意しております。
詳細については下記の電話番号までお問い合わせください。

TEL 03-5793-1727

宗教法人 幸福の科学 ホームページ　**http://www.kofuku-no-kagaku.or.jp/**